GEORGE BERKELEY

Drei Dialoge zwischen Hylas und Philonous

Deutsche Übersetzung von
Raoul Richter,
in der Bearbeitung von
Arend Kulenkampff

Mit einer Einleitung und Anmerkungen
herausgegeben von
Wolfgang Breidert

FELIX MEINER VERLAG
HAMBURG

PHILOSOPHISCHE BIBLIOTHEK BAND 556

Im Digitaldruck »on demand« hergestelltes, inhaltlich mit der ursprünglichen Ausgabe identisches Exemplar. Wir bitten um Verständnis für unvermeidliche Abweichungen in der Ausstattung, die der Einzelfertigung geschuldet sind.

Bibliographische Information der Deutschen Nationalbibliothek

Die Deutsche Nationalbibliothek verzeichnet diese Publikation in der Deutschen Nationalbibliographie; detaillierte bibliographische Daten sind im Internet abrufbar über ‹http://portal.dnb.de›.

ISBN 978-3-7873-4223-5

www.meiner.de

VORBEMERKUNG

Die im Zuge der Neuauflage der »Drei Dialoge« erfolgte Textrevision beschränkt sich auf behutsam aktualisierende Eingriffe in die bewährte Übersetzung von Raoul Richter. Einige sinnentstellende Druckfehler konnten beseitigt werden (z. B. »Gegenstände« statt »Gegengründe«). Die wichtigste Änderung, über deren Für und Wider sich trefflich streiten läßt, betrifft den philosophischen Terminus technicus »idea«. Die deutsche Übersetzungstradition spricht dafür, ihn mit »Idee« statt mit »Vorstellung« wiederzugeben. Berkeley beruft sich bei seiner Verwendungsweise des Ausdrucks des öfteren auf den Sprachgebrauch der modernen Philosophen. Gemeint sind Descartes, Malebranche und Locke. In deren deutschen Übersetzungen dominiert »Idee«. Wenn Malebranche bemerkt, er verstehe unter »Idee« (idée) nichts anderes als das, was »unmittelbares Objekt des Geistes« ist (Von der Erforschung der Wahrheit, Drittes Buch), und wenn Berkeley »idea« erklärtermaßen in derselben Bedeutung verwendet (Dritter Dialog), dann ist schwer einzusehen, warum es im Deutschen einmal »Idee«, das andere Mal »Vorstellung« heißen sollte.

Arend Kulenkampff

INHALT

GEORGE BERKELEY
Drei Dialoge zwischen
Hylas und Philonous

EINLEITUNG

1. Berkeleys Leben und Werk

1685	12. März: George Berkeley wird in der Nähe von Kilkenny in Irland als Sohn eines Gutsbesitzers geboren.
1696–1700	Besuch des Kilkenny College.
1700–1713	Trinity College in Dublin. 1704 B. A., 1707 M. A., 1709 Diakon, 1710 Priester. – »Arithmetica absque Algebra aut Euclide demonstrata« und »Miscellanea Mathematica« 1707, »An Essay Towards a New Theory of Vision« 1709, »A Treatise Concerning the Principles of Human Knowledge« 1710, »Passive Obedience« 1712.
1713–1720	vorwiegend auf Reisen. 1713 in London. 1713/14 Italienreise als geistlicher Begleiter des Grafen von Peterborough. 1714–716 in England. 1716–1720 Italienreise als Tutor von George Ashe, Sohn des Bischofs von Clogher. – »Three Dialogues between Hylas and Philonous« 1713. Artikel im »Guardian«.
1721–1724	vorwiegend in Dublin. 1721 Doktor und Lektor der Theologie. 1723 Teilerbe der Hester van Homrigh (Swifts Vanessa). 1724 Dekan von Derry. – »De Motu« und »Essay Towards Preventing the Ruin of Great Britain« 1721.
1724–1728	in England. Vorbereitungen zur Gründung eines theologischen College auf den Bermuda-Inseln. 1728 heiratet Berkeley Anne Forster, Tochter eines Dubliner Richters, aus der Ehe gehen sieben Kinder hervor.
1729–1731	in Newport, Rhode Island. Nachdem das von der

	englischen Regierung zunächst zugesagte Geld nicht gezahlt wird, kehrt Berkeley erfolglos nach England zurück.
1731–1734	in England. – »Alciphron« 1732, »The Theory of Vision … Vindicated and Explained« 1733.
1734–1752	Bischof von Cloyne in Irland. – »The Analyst« 1734, »The Querist« 1735–37, »Siris« 1744.
1753	14. Januar: Berkeley stirbt bei einem Aufenthalt in Oxford und wird dort begraben.

2. Berkeleys Grundsatz

Descartes hatte das Ziel, der menschlichen Erkenntnis ein unerschütterliches Fundament zu verschaffen, indem er durch seine Methode des universellen Zweifels die Standfestigkeit aller, ohne Absicherung übernommenen, angeblichen Erkenntnisse überprüfte. Dabei blieb ihm als dürftiges, aber stabiles Fundament nur die eigene Selbstgewißheit (»Ich denke, also bin ich«). Von hier aus versuchte er, mit Hilfe eines Gottesbeweises und unter Verwendung der Wahrhaftigkeit Gottes die Sicherheit unserer wissenschaftlichen und alltäglichen Erkenntnisgebäude zu garantieren. Die Selbstbeschränkung sollte bei Descartes nicht einer bloßen wissenschaftsimmanenten Methodenwillkür dienen, sondern dem Fernziel, dem sein Erkenntnissicherungsunternehmen gewidmet war, nämlich einer ethischen Neubesinnung, der Begründung des richtigen Handelns. Bis zur Erreichung dieses Zieles wollte er die allgemein gültige Moral als vorläufig akzeptierte beibehalten. Die neuzeitliche Philosophie begann also bei Descartes mit dem Anspruch einer absoluten Sicherung der Erkenntnis, aber einer zunächst vorläufigen Regelung unseres Handelns. Das praktische Interesse trat bis auf weiteres hinter das kognitive zurück. Bei Berkeley hat sich dieses Verhältnis noch nicht – wie in neueren philosophischen Ansätzen zur »Rehabilitierung der praktischen (oder pragmatischen) Philosophie« – umgekehrt, denn er hält noch an dem kartesischen

Anspruch auf Erkenntnisgewißheit fest, doch steht hei ihm die Erkenntnissicherung ganz im Dienste seines praktischen, d.h. bei ihm seines religiösen, Interesses. Trotz dieses Zieles sind seine »Prinzipien der menschlichen Erkenntnis« und seine »Drei Dialoge« primär erkenntnistheoretische Schriften.

Berkeley gehört zu jenen Denkern, die trotz aller unvermeidlichen historischen Abhängigkeit weitgehend selbständig, in fast naiver Unbekümmertheit und Unmittelbarkeit philosophieren. Durch diese Unbefangenheit gerät er zwischen die Fronten: Gegen die autoritätsgläubige und autoritäre Gelehrsamkeit der etablierten Wissenschaft vertritt er die Sprache und das Denken des »einfachen Mannes« oder das, was er dafür hält; gegen die Vorurteile der – nach seiner Meinung schon durch »Wissenschaft« und »Philosophie« verdorbenen – breiten Masse vertritt er seine eigene, auf den ersten Blick paradox wirkende Ansicht.

Ausgehend von der erkenntnistheoretischen Kernfrage, wie das Bewußtsein zur Gewißheit adäquater Erkenntnis der Wirklichkeit gelangen könne, kommt Berkeley in konsequenter Fortführung der Ansätze von Descartes und Locke zu einer auf Selbstbeschränkung beruhenden Antwort: Das Bewußtsein kann sich nur seiner eigenen Inhalte (Phänomene, Ideen, *ideas*) gewiß sein. Berkeleys erkenntnistheoretische Position ist daher ein Idealismus oder Phänomenalismus; er selbst nennt sie in Abhebung von seinen Gegnern »Immaterialismus«. Damit benennt Berkeley seine ontologische Kontraposition, durch die er all dem, was keinen direkten oder indirekten Bezug zum Subjekt hat, den Status der Wirklichkeit bestreitet. Aus der erkenntnistheoretischen Beschränkung auf den Bereich des Subjekts, seiner Ideen und seiner Akte entsteht so die ontologische Verengung zum Spiritualismus: nur geistige Subjekte und ihre Inhalte existieren. Was nicht wahrgenommen wird oder wahrnimmt (perzipiert), ist nicht. Diese Philosophie ist nicht eine Philosophie über das Wirkliche, sondern eine Philosophie über den Begriff der Wirklichkeit.

3. Zur Entstehung und zu den Ausgaben der »Dialoge«

In seinem »Philosophischen Tagebuch« aus den Jahren 1707/08, gleichsam dem Zettelkasten Berkeleys aus der Zeit der stürmischen Entwicklung seiner Philosophie, spricht er schon in der Eintragung Nr. 19 von der »immateriellen Hypothese«, worunter er ohne Zweifel die Grundthese seines Immaterialismus versteht: »Sein bedeutet Wahrgenommenwerden oder Wahrnehmen.«

Wie Schopenhauer, der enthusiastische Verehrer Berkeleys, im Vorwort zu seinem vier Bücher umfassenden Hauptwerk »Die Welt als Wille und Vorstellung« sagt, in seinem Opus sei im Grunde nur ein einziger Gedanke ausführlich entwickelt worden, so hätte auch Berkeley von seiner eigenen Philosophie sagen können, daß sie nicht so sehr ein System enthält, als vielmehr nur einen einzigen Gedanken unter allen Aspekten expliziert: *esse* ist *percipi vel percipere* (Sein ist Wahrgenommenwerden oder Wahrnehmen). Der Ausbreitung und Verteidigung dieser Grundthese dient die gesamte Philosophie Berkeleys. Das »Philosophische Tagebuch« diente noch zur vorläufigen Sammlung und Diskussion zahlreicher Details. Es blieb die große, nicht zur Veröffentlichung bestimmte Materialsammlung, der Steinbruch, aus dem Berkeley die wichtigsten Gedanken seiner späteren Werke holte. Als erstes philosophisches Buch veröffentlichte er 1709 den »Essay Towards a New Theory of Vision«, eine Spezialuntersuchung der optischen Phänomene (und ihrer Verbindung zu haptischen) auf dem Boden seines Grundsatzes, den er als Schlüssel zu fast allen philosophischen Problemen ansah, so daß er sein Werk auch sehr gut unter den Titel »Clavis universalis (Universalschlüssel)« hätte stellen können, einen Titel, den Arthur Collier (1680–1732) einem 1713 erschienenen Buch gab, in dem Collier ähnlich wie Berkeley die bloße Phänomenalität der Außenwelt vertrat. Collier war, ausgehend von Malebranche und Norris und wohl auch unter dem Einfluß von einzelnen Gedanken Bayles, unabhängig von Berkeley etwa zur gleichen Zeit wie dieser zu seiner Form des Idealismus gekommen. Der

Kartesianismus hatte mit Malebranche und Locke eine gemeinsame Basis bereitet.

Es war Berkeleys ursprünglicher Plan, seine philosophischen Hauptgedanken in einem großen dreiteiligen Werk darzulegen: Teil I sollte die allgemeine Erkenntnislehre enthalten, Teil II die Ethik sowie die Willens- und Geistlehre, Teil III die Naturphilosophie. 1710 publizierte Berkeley den Teil I der »Prinzipien der menschlichen Erkenntnis«, doch die beiden anderen Teile sind niemals erschienen. Berkeley schrieb später in einem Brief, er habe das Manuskript zum zweiten Teil schon (mindestens teilweise) fertig gehabt, aber auf einer Italienreise verloren. Bis zu einem gewissen Grade dürfte das Vorhaben durch andere Schriften Berkeleys erfüllt sein, nämlich Teil II durch »Alciphron« und Teil III durch »De Motu« und den »Analyst«. Die »Prinzipien« sind jedenfalls Berkeleys erkenntnistheoretischcs Hauptwerk geblieben.

Der in der Geschichte von Wissenschaft, Kunst und Philosophie weit verbreitete Topos vom anfangs verkannten Genie fand in Beispielen aus der Philosophiegeschichte der Neuzeit immer wieder eine gewisse Stütze. Ein berühmtes Beispiel ist Kants »Kritik der reinen Vernunft«, die in der ersten Auflage nicht die ihrer späteren Wirkung entsprechende Rezeption erfuhr. Schopenhauers »Welt als Wille und Vorstellung« erging es nicht anders. Man könnte auch auf Gottlob Frege verweisen, dem man zeitlebens einen ordentlichen Lehrstuhl versagte, auf Ch. S. Peirce, der in Vergessenheit und Armut starb, oder auch auf Ludwig Wittgenstein, der anfänglich Schwierigkeiten hatte, seinen später so berühmten »Tractatus logico-philosophicus« überhaupt zu publizieren. Man könnte aber auch George Berkeley als Bestätigung für den Topos von der verkannten Größe heranziehen.

Als Berkeley seine »Prinzipien« 1710 in Dublin publiziert hatte, war der junge Theologe aus der »Provinz« sehr an der Aufnahme seiner Schrift bei den Gelehrten in der Metropole London interessiert. Als ihm sein Freund Percival die ersten Reaktionen mitteilte, war das Ergebnis enttäuschend: Man machte sich über die auf den ersten Blick absurd wirkende Philosophie lustig. Ein Bischof beurteilte das Buch als Elaborat eines Geltungssüchtigen, der nur um bekannt zu werden, verrückte neue Thesen vertrete. Ein Arzt meinte, der Autor des Buches müsse krank sein und bedürfe einer ärztlichen Behandlung. Vielen genügte es, von der Hauptthese (Leugnung der Existenz materieller Substanz) nur zu hören, um das Buch gar nicht erst zu lesen. Ähnlich wie Kant die ungünstige Aufnahme seiner »Kritik der reinen Vernunft« der wenig publikumswirksamen Darstellungsweise zuschrieb und deswegen eine vermeintlich leichter verständliche Hinführungsschrift (»Prolegomena«) publizierte, so machte auch Berkeley einen Versuch, dem Leser den Zugang zu seinen philosophischen Gedanken zu erleichtern. Berkeley reiste zu Beginn des Jahres 1713 mit dem Manuskript der »Drei Dialoge zwischen Hylas und Philonous« nach London, um sie dort drucken zu lassen. Das Buch erschien im Mai, wurde aber ebenso ignoriert wie die »Prinzipien«. Im »Journal Literaire« (t. I, La Haye 1713, pp. 147–160, Nachdr. Genève 1968, pp. 47–51) erschien eine nicht sehr freundliche Besprechung. Der Rezensent wird dem Buch keineswegs gerecht. Abgesehen davon, daß er seine eigene philosophiegeschichtliche Inkompetenz dadurch zeigt, daß er die Unterscheidung zwischen primären und sekundären Qualitäten als eine von Berkeley stammende ansieht, erkennt er nicht die implizite Ordnung in den »Dialogen«. Schon in dieser frühen Reaktion auf Berkeleys Schrift hält man ihm Einwände entgegen, die er selbst seinem Dialogpartner Hylas in den Mund gelegt und durch Philonous zu beantworten versucht hatte, wie z. B. den Einwand, daß Gott nicht wollen könne, daß die Menschen glauben, er bediene sich zur Ideenerzeugung eines Mittels (Materie), während er sich eines solchen Mittels gerade nicht bediene. Interessanter ist das philosophiegeschichtlich relevante Problem, das am Ende der Rezension auftaucht, wenn der Rezensent Berkeley vorwirft, Gott unnötigerweise zu bemühen, wo der »Materialist« meint, ohne Gottes unmittelbares Eingreifen auskommen zu können. Hier wird sozusagen der theologische Hintergrund für den »Materialismus« sichtbar: Die Erhabenheit

Gottes erfordert, ihn von der »alltäglichen Arbeit« zu entlasten. So entsteht der Konflikt zwischen dem erhabenen, untätigen, schließlich überflüssigen Gott und dem allgegenwärtigen, ständig und überall auch die Details selbst bewirkenden, tätigen Gott, der bei jedem Federstrich eines Schreiberlings »verpflichtet« ist, alle anderen Menschen, die ihre Augen auf das Papier werfen, die Buchstaben auch sehen zu lassen. Hier berühren sich die extreme Erhabenheit Gottes und der gottlose Materialismus. Daher ist es auch nicht verwunderlich, daß man gegen Berkeleys Immaterialismus von beiden Seiten, nämlich von theologischer Seite ebenso wie aus dem Lager des atheistischen Materialismus zu Felde ziehen konnte.

1725 erschien der unveränderte Text der »Dialoge« (liegengebliebene Exemplare mit einem neuen Titelblatt) als »second edition«. Obwohl diese Ausgabe in der von den Leibnizianern gelesenen Zeitschrift *Acta Eruditorum* (Leipzig, August 1727, pp. 380–383) wenigstens kurz besprochen wurde, fanden die »Dialoge« ebensowenig wie die »Prinzipien« in Deutschland ein breites Publikum, das diese Schriften eingehend studiert hätte. Das gilt *cum grano salis* bis in die neueste Zeit, in der man gewisse Teile der angelsächsischen Philosophie so wenig berücksichtigt, daß man in ein mehrbändiges »Historisches Wörterbuch der Philosophie« immerhin noch das Stichwort »Immaterialismus« aufgenommen hat, in dem man aber den Artikel »Common Sense« einfach vergessen konnte.

Eine neue, von Berkeley selbst revidierte Ausgabe der »Dialoge« kam nach seiner Amerikareise 1734 als Anhang zur zweiten Auflage der »Prinzipien« heraus.

1750 erschien in Amsterdam eine französische Übersetzung. Nach Barbiers »Dictionnaire des ouvrages anonymes et pseudonymes« (t. I, p. 283) soll der Abbé Jean Paul de Gua de Malves der Übersetzer gewesen sein. Offenbar kennt der Herausgeber Berkeleys »New Theory of Vision« nicht, denn er faßt Berkeleys Hinweis am Ende seines Vorworts als Anspielung auf »Alciphron« auf (p. Xf.). Den Inhalt der drei Dialoge gibt der Herausgeber kurz anhand von drei beigefügten Vignetten wieder, die jeweils die wichtigsten Aspekte der einzelnen Dialoge darstellen (pp. XIII–XVI; Text und Abbildungen sind in den Works, ed. by A. C. Fraser, Oxford [2]1901, vol. I, p. 366–368 wiedergegeben).

Wie gering die Verbreitung der englischen Ausgaben auf dem europäischen Kontinent war, zeigt Joh. Chr. Eschenbach im Vorwort zur ersten deutschen Ausgabe (Rostock 1756): »Ich muß hierbei noch erinnern, daß meine Übersetzung, die 1750 in Amsterdam herausgekommene Französische zum Grunde lege. Es ist mir unerachtet aller ersinnlichen Mühe nicht möglich gewesen, das Englische Original aufzutreiben.« Dazu merkt Eschenbach an, daß die Beschaffung der »Clavis universalis« von Collier allerdings noch schwieriger gewesen sei.

Bezeichnenderweise war die Ausgabe von Eschenbach getragen von dem Ziel, den erkenntnistheoretischen Idealismus von Berkeley und Collier gründlich darzustellen, um ihn gründlich zu widerlegen. Daher ist diese Ausgabe mit vielen längeren Anmerkungen versehen, in denen Eschenbach gegen das im Text Gesagte anzugehen versucht. Dies führt ihn manchmal zu einer hilfreichen Textanalyse, aber oft auch zu unbeholfenen Gegenargumenten. So wirft er z. B. Berkeley vor, den Unterschied zwischen der Wärme als Empfindung und der Wärme als Körpereigenschaft zu vernachlässigen, ohne dabei zu sehen, daß dann das ursprüngliche Problem, nämlich wie wir eine Kenntnis von jener Körpereigenschaft haben können, ungelöst wieder auftaucht. In gleicher Naivität gibt Eschenbach Regeln an, mit denen man die Gesundheit des Auges hinsichtlich der Farbempfindung feststellen könne, um sich vor Sinnestäuschungen zu schützen: »Willst du aber die Farben entdecken: so siehe zu, ob dein Auge die Figur und Größe an den Körpern sieht, die du daran fühlst; und wenn dies ist, sey versichert, daß dein Auge, da es dich in diesem Stück nicht betriegt, dich auch nicht in der Vorstellung der Farben triege.« Auf diese Weise könnte man leicht beweisen, daß auch ein Farbenblinder die Farben richtig sieht!

1901 gab Raoul Richter eine sehr sorgfältige deutsche Ausgabe der »Dialoge« als Bd. 102 der Philosophischen Bibliothek heraus. Diese Edition ist u. a. ausgezeichnet durch die hervorragenden terminologischen Erläuterungen der wichtigsten englischen Ausdrücke. Auch Richters Einleitung, in der er der eigenständigen systematischen, der historischen und der aktuellen Bedeutung der Philosophie Berkeleys nachgeht, ist noch immer lesenswert, selbst wenn sie in manchen Punkten das Gepräge ihrer Entstehungszeit trägt.

1926 erschien, herausgegeben von Raymund Schmidt, in Leipzig die zweite Auflage dieser Übersetzung von Richter. Der nur um die Seitenüberschriften ergänzte Text und die Paginierung stimmen mit der ersten Auflage überein, beigefügt wurde nur ein allzu knappes Personen- und Sachregister. In der Erwartung einer Gesamteinleitung innerhalb einer deutschen Berkeley-Gesamtausgabe der Philosophischen Bibliothek kürzte der Herausgeber die von Richter gegebene Einleitung auf ein Fünftel des ursprünglichen Umfangs, so daß alle allgemeinen philosophiegeschichtlichen, systematischen und inhaltlichen Bemerkungen der Kürzung zum Opfer fielen.

1955 erschien im Akademie-Verlag Berlin eine Neuausgabe der »Dialoge« auf der Grundlage der Übersetzung von Raoul Richter, die von Erwin Pracht bearbeitet wurde, herausgegeben von Georg Mende. Offensichtlich sah Mende das primäre Ziel seiner Edition darin, die idealistische Philosophie Berkeleys aus marxistischer Sicht als falsch zu erweisen. Einige seiner Deutungen halten aber der Prüfung ebensowenig stand wie so mancher seiner Kommentare in den Anmerkungen zum Text. So erhebt er gegen Berkeley z. B. den scharfen Vorwurf, von der Frage nach den Ursachen der Ideen ablenken bzw. sie umgehen zu wollen (Anm. 6 u. 17 seiner Ausgabe), obwohl diese Frage, wie auch schon Raoul Richter zu den betreffenden Stellen angemerkt hatte, im zweiten Dialog ausführlich erörtert und beantwortet wird – allerdings nicht im materialistischen Sinne.

4. Widerlegungen

»Ist es unphilosophisch, nicht durch Argumente überzeugt zu sein, die ich nicht widerlegen kann?« So fragt naiv, vorurteilsbeladen und verlegen der Philosoph James Beattie in seinem »Essay on the Nature and Immutability of Truth« (1770). Er sieht sich mit dieser Haltung keineswegs als Außenseiter, sondern als Repräsentant seiner Zeitgenossen, denn er setzt hinzu: »,Ich habe viele gekannt, die Berkeleys Argumente nicht beantworten konnten; ich kannte keinen einzigen, der an seine Lehre glaubte.« Nicht immer war die Aversion gegen Berkeleys Lehre mit solcher Redlichkeit und Einsicht in die eigene Unfähigkeit verbunden.

In den bis heute erschienenen Erwiderungen auf den Immaterialismus Berkeleys ist wohl kaum ein Einwand erhoben worden, der nicht schon von Berkeley selbst wenigstens berührt worden wäre. »The history of objections is very much a history of misconceptions.« (A. C. Fraser, Works of George Berkeley, 1901, vol. I, p. 363) Darüber hinaus hat Berkeley, wie sein »Philosophisches Tagebuch« zeigt, die meisten der in den Widerlegungsversuchen auftretenden Probleme und Argumente schon vor der Veröffentlichung seiner »Prinzipien« gekannt. Damit soll nicht etwa gesagt werden, Berkeley habe diese Einwände auch alle zufriedenstellend beantwortet, es soll damit nur das Diskussionsniveau angezeigt werden, auf das sich derjenige begeben muß, der Berkeleys Immaterialismus widerlegen will.

Wer mit einer einigermaßen gründlichen Kenntnis der Schriften Berkeleys an die erste Auflage von Kants »Kritik der reinen Vernunft« (1781) herangeht und die »Kritik des vierten Paralogism der transzendentalen Psychologie« (A 367–380) liest, wird nicht anders können, als ebenso wie Kant sich selbst auch Berkeley einen transzendentalen Idealisten zu nennen, jedenfalls solange man ihn dem transzendentalen Realisten entgegensetzt. Denn ebenso wie Kant ist Berkeley ein empirischer Realist, der «ohne aus dem bloßen Selbstbewußtsein hinauszugehen« die Existenz der Materie einräumt, »weil er diese Materie und sogar deren innere Möglichkeit bloß für Erscheinung gelten läßt, die, von unserer Sinnlichkeit abgetrennt, nichts ist« (A 370). Wer kann die Entsprechung zu Berkeleys Prinzip, daß das Sein der sinnlichen Dinge ihr Wahrgenommenwerden sei, leugnen, wenn Kant schreibt: »Alle äußere Wahrnehmung also beweist unmittelbar etwas Wirkliches im Raume, oder ist vielmehr das Wirkliche selbst, ...« (A 375)? Allerdings werden auch die grundlegenden Differenzen zu Kant deutlich, nämlich bezüglich der Herkunft der Erscheinungen, genauer: der Empfindungen. Während Kant hier von einem »uns unbekannten Grund der Erscheinungen«, dem Ding an sich, spricht, glaubt Berkeley, im *spirit* (Seelen- oder Geistwesen) das allen Erscheinungen Zugrundeliegende erkennen zu können. Nicht als Idealist unterscheidet sich Berkeley von Kant, sondern als Spiritualist.

Wenn man, wie C. M. Turbayne, annimmt, Kant habe Berkeleys »Dialoge« in Eschenbachs Ausgabe von 1756 gekannt, so ist es erstaunlich, daß Kant, der Locke, Leibniz, Hume und viele andere Autoren namentlich erwähnt, Berkeley in der ersten Ausgabe der »Kritik« nicht ein einziges Mal nennt. In der zweiten Ausgabe der »Kritik« wird Berkeley nicht nur mehrfach genannt, sondern Kant widmet ihm eine ausdrückliche »Widerlegung des Idealismus« (B 274–279), die er in der Vorrede zu dieser Ausgabe noch einmal korrigiert und erläutert (B XXXIX–XLI). Wie so viele Widerlegungen, die zu Berkeleys Idealismus gegeben wurden, zeigt auch diese ein auffallendes Unverständnis der Berkeleyschen Philosophie. Niemals hat Berkeley die Ideen als »bloße Wirkung der Einbildungskraft« angesehen, sondern von seinem »Philosophischen Tagebuch« an immer wieder die Realität der Dinge und die Existenz der Dinge, sogar unabhängig vom *menschlichen* Bewußtsein, betont. Berkeley leugnet weder die Räumlichkeit körperlicher Dinge noch die Möglichkeit äußerer Erfahrung. Das einzige, was Berkeley entschieden abstreitet und worin er mit Recht als dogmatisch zu bezeichnen wäre, ist – in Kants Terminologie – die Existenz von Dingen an sich. Sieht man einmal von seiner ebenso dogmatischen Verfechtung der Substantialität der geistigen Subjekte ah, die er übrigens in seinem unveröffentlichten »Tagebuch« auch selbst auf »Humesche« Art in Zweifel gezogen hatte, so nimmt Berkeley sogar sozusagen eine bestimmte Richtung des Kantianismus vorweg. Trotzdem versucht Kant ihn als *Idealisten*, nicht als *Spiritualisten, zu* widerlegen.

Obwohl Kant die irreführende Metaphorik von »außen« und »innen« bewußt war (A 373), täuscht er auch dort einen Gegensatz vor, wo er mit Berkeley übereinstimmt, indem er das Dasein »äußerer« Dinge beweist. Dabei bedeutet »außen« für Kant »räumlich« (Raum als Form des äußeren Sinnes) und »innen« bedeutet für ihn »zeitlich« (Zeit als Form des inneren Sinnes). Aber auch für Kant sind »äußere« Erscheinungen als Phänomene Bewußtseinsinhalte, ja sie sind als »äußere« gerade ausdrücklich auf die Form unserer Anschauung bezogen und keineswegs bewußtseinsunabhängig. Doch nur die Existenz bewußtseinsunabhängiger Dinge wird von Berkeley geleugnet. Bei einer so falschen Darstellung des Gegners (und die Fehlinterpretationen ließen sich noch fortführen) wird man nach einem erklärenden Grund suchen müssen.

Die meisten Kommentatoren neigen zu dem Schluß, daß Kants Kenntnis der Berkeleyschen Philosophie nur oberflächlich gewesen sei, weil sie aus sekundären Quellen stammte. Als mögliche Quellen zieht man D. Hume oder J. G. Hamann in Erwägung, doch meistens nimmt man an, daß Kant seine Berkeley-Kenntnisse aus der 1772 erschienenen deutschen Ausgabe des »Essay an the Nature and Immutability of Truth« von James Beattie hatte. Wir wissen, daß Kant diesen »Essay« kannte und sich offenbar zwischen dem Erscheinen der ersten und der zweiten Ausgabe der »Kritik« damit beschäftigte. So wäre es nicht mehr verwunderlich, daß Berkeley erst in der zweiten Ausgabe genannt wird wie auch in den »Prolegomena« (§ 13 Anm. III und im Anhang), wo Kant dem Rezensenten der »Kritik« Unkenntnis der zu besprechenden Schrift vorwirft, aber gleichzeitig Berkeley kritisiert, ohne ihn genauer zu kennen.

Dieser gängigen und einleuchtenden Auffassung trat C. M. Turbayne mit der Vermutung entgegen, Kant habe wahrscheinlich Berkeley sorgfältig studiert, denn es sei ja möglich, daß er Eschenbachs Ausgabe der »Dialoge« von 1756 gelesen habe, er sei daher vielleicht von Berkeley stark beeinflußt gewesen, habe aber, um dem Vorwurf, ein Berkeleyaner zu sein, zu entgehen, diesen Einfluß zu vertuschen versucht. Als bekannter Berkeleyaner macht Turbayne aus seinem dahinterstehenden Interesse auch keinen Hehl, sondern erklärt: Wenn dies so ist, »dann hat Berkeleys indirekter Einfluß auf die moderne Philosophie eine weitere Verbreitung als sein direkter Einfluß« (Introduction, S. XXXI). Dabei läßt Turbayne vor allem die Frage unbeantwortet, warum Kant seine Verbindung zu Berkeley, dem Verteidiger der Religion, hätte verheimlichen sollen, während er seine Abhängigkeit vom Skeptiker Hume äußerst deutlich machte.

Die von Turbayne meistens vorsichtig formulierte Vermutung wurde von M. D. Wilson und von G. Miller eingehend kritisiert und im wesentlichen zurückgewiesen. Die Wahrscheinlichkeit der Berkeley-Lektüre Kants wird geringer, wenn man bedenkt, daß trotz mancher Übersetzungen im Deutschland des 18. Jhs. auch so bedeutende englisch schreibende Autoren wie Berkeley und Thomas Reid fast unbekannt waren, wie umgekehrt auch Berkeley nur wenig von Leibniz im Original gelesen hat, denn seine Leibniz-Kenntnisse hatte er vorwiegend aus den Schriften der Leibnizianer, des Marquis de l'Hospital und des Jakob Hermann, gezogen (s. W. Breidert, Jakob Hermanns »Exercitationes«, in: Archiv für Geschichte der Philosophie 53 (1971), 164–168). Wovon sich Kant abzusetzen versuchte, war ein Zerrbild der Berkeleyschen Philosophie, wonach Erkenntnis durch die Sinne nichts als bloßer *Schein* ist. Wie wenig dieses Zerrbild mit Berkeley zu tun hat, wird sofort deutlich, wenn man beachtet, daß nach Berkeleys wirklicher Lehre jede sinnliche Empfindung sogar schon zu einem Gottesbeweis taugt!

Schopenhauer, der sich ganz und gar in der Tradition der Berkeleyschen Philosophie sah, hatte eine wesentlich bessere Kenntnis von Berkeleys Idealismus und bemerkte vollkommen richtig, daß der Kernpunkt in Berkeleys Lehre sei: Es gibt kein Objekt ohne Subjekt.

Ch. S. Peirce, der ebenso wie Schopenhauer auch Kant zu seinen geistigen Ahnen zählt, hat die Philosophie Berkeleys trotz der Erkenntnis ihrer Inkonsistenz adäquat zu würdigen versucht. Berkeley hatte die funktionale Gleichheit von Geist und Materie in seinem philosophischen System ausdrücklich bestritten, denn er selbst sah schon die Gefahr der Hinfälligkeit der geistigen Substanz mit der materiellen, eine Gefahr, die auch Andrew Baxter 1735 in seiner »Inquiry into the Nature of the Human Soul« gegen Berkeley geltend gemacht hatte. Hume griff diesen Ansatzpunkt auf, und Peirce schreibt dazu: »Humes Philosophie ist nichts als die Berkeleys mit dieser Abwandlung und in skeptischerer Geisteshaltung abgefaßt. Der unschuldige Bischof brachte Hume hervor; und da niemand bestreitet, daß Hume der Ursprung der modernen Philosophie aller Richtungen ist, sollte Berkeley einen sehr viel bedeutenderen Platz in der Philosophiegeschichte einnehmen, als man ihm gewöhnlich einräumt.« (Rezension zu Frasers Ausgabe der Werke von George Berkeley. In: Collected Papers 8.34; deutsch in: Schriften zum Pragmatismus und Pragmatizismus, hrsg. v. K.-O. Apel, Frankfurt a. M. [2]1976, S. 131).

In seiner berühmten Streitschrift »Materialismus und Empiriokritizismus«, in der Lenin den dialektischen Materialismus gegen den sensualistischen Phänomenalismus von Ernst Mach und die Philosophie der reinen Erfahrung von Richard Avenarius verteidigt, beginnt er »Statt einer Einleitung« mit einem kritischen Referat der Philosophie Berkeleys. Er will damit jene neueren Philosophen auf diesen alten zurückführen, um so deren reaktionären Charakter zu unterstreichen. Dabei stellt Lenin fast mit Erstaunen fest, daß ein Berkeleyaner, nämlich A. C. Fraser, von seinem idealistischen Standpunkt aus an eine ähnliche Unterscheidung herankommt wie der Materialist F. Engels, nämlich die Einteilung aller Philosophen in die beiden großen Lager: hier die Materialisten, dort die Idealisten. Hätte Lenin Berkeley besser gekannt, so hätte er sich über diese Konvergenz nicht gewundert, sondern aus 263 der »Siris« entnommen, daß diese Einteilung schon auf eine Schrift des Proklos aus dem fünften Jh. zurückgeht (»In theologiam Platonis«). Doch solche geschichtlichen Zusammenhänge interessieren Lenin nicht, er sucht nur die Übereinstimmung zwischen Berkeley und Mach (»Die alte Leier, verehrtester Herr Professor!«), denn es geht auch hier, wie in so vielen Abhandlungen zu Berkeley seit Eschenbach und Kant vor jeder genaueren Betrachtung um die Widerlegung. Diderot, der von Lenin zitiert wird, hatte wenigstens, trotz aller Schmähungen über den Idealismus, noch die Widerlegungsschwierigkeiten erkannt: »*Idealisten* werden diejenigen Philosophen genannt, die nur ihre eigene Existenz und die Existenz der Empfindungen, die sich in ihnen selbst abspielen, und nichts anderes anerkennen. Ein extravagantes System, das seine Entstehung, wie mir scheint, nur Blinden zu verdanken haben kann! Und dieses System ist zur Schande des menschlichen Geistes und der Philosophie am schwierigsten zu widerlegen, obwohl es am absurdesten ist.« Abgesehen davon, daß diese Darstellung nicht Berkeley, sondern einen Solipsisten trifft, und daß es ein Akt der Ironie wäre, den Verfasser der »Theory of Vision« unter die Blinden zu rechnen, so sehen die meisten Widerleger, wie auch Lenin, stets nur, daß diese Philosophie »am absurdesten ist«. Von diesem Abscheu vor der Absurdität war auch Kants »Widerlegung« geprägt, als er schrieb: »... so bleibt es immer ein Skandal der Philosophie und allgemeinen Menschenvernunft, das Dasein der Dinge außer uns [...] bloß auf Glauben annehmen zu müssen ...« (B XXXIX). Doch gefangen von der Absurdität vergißt man allzu leicht Diderots Bemerkung, daß sie »am schwierigsten zu widerlegen« sei.

Lenin kritisiert Mach, indem er ihn mit Berkeley in einen Topf wirft, ohne zu berücksichtigen, daß das erklärte Ziel Berkeleys der Kampf gegen die Feinde der christlichen Religion (Skeptiker, Freidenker, Atheisten) war, während Mach seine »Analyse der Empfindungen« mit einem »antimetaphysischen« Kapitel beginnt und seine Nachfolger oft der christlichen Religion keineswegs freundlich begegneten. Wie ist es möglich, daß der Sensualismus als der Vater des antimetaphysischen Positivismus von einem seiner stärksten Vertreter, nämlich Berkeley, zur Stärkung des christlichen Glaubens propagiert werden konnte? Einer Religion, für die Gott primär der Schöpfer und *ständige* Erhalter aller Dinge ist, mußte das immer wieder von der Naturphilosophie entwickelte Konzept einer aus sich selbst oder dem Zufall entstandenen Welt bzw. einer Welt, die nach festen Gesetzen ohne die ständige Erhaltung durch ihren Schöpfer selbständig besteht (Uhrwerkmetapher), als eine Bedrohung erscheinen. Der Kampf Berkeleys ging also vor allem darum, der Welt ihre Selbständigkeit und Unabhängigkeit von Gott zu bestreiten. Zugleich versuchte er das Ansehen derer, die diesem Unabhängigkeitsglauben Vorschub leisteten, nämlich das der neuzeitlichen, insbesondere der mechanistisch denkenden, Naturwissenschaftler und Mathematiker, zu schmälern. Die Ironie bzw. Folgerichtigkeit der Geistesgeschichte wollte es, daß die Reduktion der Welt auf Bewußtseinsinhalte und der damit beabsichtigte Nachweis ihrer Abhängigkeit vom Geist (Gottes), in dem Augenblick, in dem der göttliche Geist als Garant der Außenwelt in Zweifel gezogen wird, durch die Geistabhängigkeit der Welt vom menschlichen Geist selbst wieder zu einem Argument gegen die Existenz Gottes bzw. den Glauben an sie werden konnte. Außerdem zeigt dieser Vergleich zwischen Berkeley und Mach, daß die Bedeutung oder Wirkung philosophischer Argumente kontextabhängig ist. Nur so kann verständlich werden, daß der Sensualismus an Stellen der Geistesgeschichte auftreten kann, die in Bezug auf die beabsichtigte Wirkung so verschieden sind wie die von Berkeley und Mach.

Berkeley hatte von Anfang an einen Mehrfrontenkampf zu kämpfen. So schlägt ihm auch aus dem positivistischen und sprachanalytischen Lager Kritik entgegen. Und immer wieder gibt es falsche Darstellungen. Bertrand Russell stellt z. B. Berkeleys Philosophie anhand der »Drei Dialoge« dar (Philosophie des Abendlandes, Darmstadt [3]1954, S. 516–545, doch hat er offenbar den zweiten und den dritten Dialog, die er für »weniger interessant« hielt, zu wenig studiert. So kommt es, daß er Berkeley eine für denselben ganz abwegige Meinung unterstellt, nämlich die, er verwerfe die Behauptung »Es hat eine Zeit gegeben, zu der noch kein Leben auf diesem Planeten war«. Diese Aussage hat Berkeley niemals bestritten, sondern den biblischen Schöpfungsbericht, in dem sie ja implizit enthalten ist, schon in seinem »Philosophischen Tagebuch«, aber auch in den »Dialogen« ausdrücklich verteidigt.

Auch John L. Austin bleibt aufgrund seiner Unkenntnis der Berkeleyschen Schriften an der Oberfläche, wenn er dem Immaterialismus nur vorwirft, er sei »absurd« oder »pervers« (Berkeley hatte schon selbst zu oft die gegnerischen Auffassungen als »absurd« bezeichnet). Wie wenig hier der Grund, aus dem heraus Berkeley zu seiner Position gelangt war, verstanden wird, zeigt sieh in der Entrüstung, die Austin ausdrückt: »Aber wie entsetzlich absurd ist es doch eigentlich zu meinen, daß ich *ein Urteil fälle*, wenn ich beschreibe, was direkt vor meinen Augen passiert!« (Sinn und Sinneserfahrung, hrsg. v. G. J. Warnock, Stuttgart 1975, S. 175) Austin ist der philosophiegeschichtlich naiven Oberzeugung, daß wir uns zwar heim bloßen Hören einer Kutsche täuschen können, doch meint, heim Sehen sei es anders, »denn gerade durch das Sehen der Dinge wird die Frage eindeutig beantwortet« (S. 172). Diese blinde Gläubigkeit, die schon Eschenbach Berkeley entgegenhielt, läßt dem jahrtausendealten, bei Descartes zugespitzten Zweifel keine Möglichkeit, sich auch nur zu artikulieren. Schon Diogenes meinte, durch einen Spaziergang Zenons Leugnung der Bewegung *ad absurdum* führen zu können. Samuel Johnson war davon überzeugt, ein Tritt gegen einen Stein zeige die Absurdität der Berkeleyschen Philosophie. An solchen »zweifelsfreien« Haltungen wird vielleicht offenkundig, daß sich bestimmte philosophische Gedankengänge nur an den richten, der gewisse Denkerfahrungen gemacht hat, der z. B. gewisse Zweifel mitbringt, sie schon durchlaufen hat oder wenigstens »nachempfinden« kann (Vgl. Wittgensteins Vorwort zum »Tractatus logico-philosophicus«).

Die meisten Widerlegungen beruhen auf einer ähnlichen Haltung wie der des berühmten Theologen Samuel Clarke, jenes Verteidigers Newtons im Briefwechsel mit Leibniz über die richtige Auffassung vom Raum. Berkeley versuchte, mit Clarke zu einer Auseinandersetzung über die »Prinzipien« zu gelangen, doch Clarke ließ Berkeleys Brief einfach unbeantwortet. Nur indirekt erfuhr Berkeley, Clarke habe keine Lust, sich in einen Disput über eine Sache einzulassen, die für ihn selbst schon klar sei, denn die Grundprinzipien von Berkeleys Philosophie seien falsch. Diese Reaktion auf Berkeleys Werk ist vielleicht exemplarisch: Berkeley gelang es trotz großer Anstrengungen kaum, seine Gegner dazu zu bewegen, sich mit seinen Gedanken intensiv auseinanderzusetzen. Und doch war er von Anfang an bemüht gewesen, alles zu vermeiden, was sein Publikum verschrekken könnte. Schon in seinen privaten Notizen hatte er sich selbst zur Vorsicht gegenüber dem Klerus ermahnt. Bei der Publikation seiner »Prinzipien« hatte er mit voller Absicht weder auf der Titelseite noch in der Widmung, weder im Vorwort noch in der Einleitung die Nichtexistenz der Materie auch nur erwähnt, um so dem Leser den paradoxen Inhalt behutsam beizubringen. Doch all diese Diplomatie war ohne Erfolg geblieben.

Zu diesen vorsichtigen Kommunikationsversuchen mit dem Ziel, den Leser u.a. auch durch rhetorisches Geschick zu gewinnen, gehören auch die »Drei Dialoge«. Das Ergebnis dieser Bemühung ist eine philosophische Unterhaltung zwischen Hylas (von Griechisch hyle = Stoff) und Philonous (philos = Freund, nous = Geist). Hylas ist der Vertreter des Materialismus, der sich allerdings selbst als Christ bezeichnet, er ist sozusagen der wissenschaftlich »gebildete«, aber vorurteilsbeladene Durchschnittsmensch. Philonous vertritt den Immaterialismus und Spiritualismus, er ist die Stimme Berkeleys.

Daß Berkeley die Dialogform zur Darlegung seiner Philosophie wählte, hat wohl mehrere Gründe: Die Dialogform war im 18. Jh. eine auch unter Philosophen weitverbreitete Darstellungsart, sowohl Leibniz als auch Hume haben sich ihrer bedient. Das Hin und Her des Gesprächs war für Berkeleys apologetische Absicht besonders gut geeignet. Wahrscheinlich kam aber auch noch hinzu, daß Berkeley zur Zeit der Niederschrift der »Dialoge« am Trinity College in Dublin Griechisch zu lehren und daher wohl auch ständig Platon vor Augen hatte. Der

Dialog gab ihm Gelegenheit, seine philosophischen Gedanken so zu äußern, daß der Leser scheinbar als Außenstehender daran teilnehmen kann, weil sie ihm nicht als feststehende Behauptungen in fertigem Zustand vorgesetzt werden, sondern der Dialog diese Gedanken gleichsam erst entstehen läßt.

Berkeley ist Prediger, er will nicht nur eine These aufstellen, er will überzeugen, er will auch überreden, denn es geht ihm nicht nur um ein philosophisches Gedankenspiel, sondern um die Verteidigung der Religion gegen Skeptizismus und Atheismus. In seinem Immaterialismus treffen sich so zwei Gedankenbewegungen: einerseits die theologische Anstrengung, nichts von Gott Unabhängiges, Selbständiges, also kein bewußtseinsunabhängiges Ding an sich, keine materielle Substanz zuzulassen, andererseits das neuzeitliche philosophische Streben nach absoluter Erkenntnisgewißheit, das sich in Descartes‘ Rückgang auf die absolute Selbstgewißheit des erkennenden bzw. zweifelnden Subjekts manifestiert hat. Zugleich ist sich Berkeley der Bedeutung der Wissenschaft für seine Zeit bewußt. Die Philosophie kann nicht mehr ohne Rücksicht auf die große wissenschaftliche Entwicklung der Neuzeit betrieben werden. D. h. jede neue Philosophie wird immer auch im Hinblick auf ihre Verträglichkeit mit den Wissenschaften beurteilt werden. Daher berücksichtigt Berkeley im Untertitel zu seinen »Drei Dialogen« diese drei Aspekte: 1. Erkenntnisgewißheit, 2. Beweis von Gott und Unsterblichkeit, 3. Wissenschaftsdienlichkeit. Der vollständige Titel der ersten Ausgabe lautet daher (in deutscher Übersetzung): »Drei Dialoge zwischen Hylas und Philonous, deren Absicht ist, die Wirklichkeit und Vollkommenheit menschlicher Erkenntnis, die unkörperliche Natur der Seele und die unmittelbare Vorsehung einer Gottheit klar zu beweisen in Opposition zu Skeptikern und Atheisten; auch, eine Methode zu enthüllen, die Wissenschaften leichter, nützlicher und knapper zu machen«.

5. *Zur Struktur des Textes*

Während Berkeley in seinen anderen Schriften dem Brauch folgte, den Text in einzelne Paragraphen einzuteilen und die Abschnitte zu numerieren, ließ er hei den »Dialogen«, abgesehen von der Gliederung in die drei Tage, jede Einteilung weg. Das synoptische Inhaltsverzeichnis mit der von Turbayne eingeführten Paragrapheneinteilung (arabische Ziffern links) soll vor allem die Struktur und die Argumentationsfolge der »Dialoge« sichtbar machen und so dem Leser eine Orientierungshilfe geben; es steht nicht für eine über diesen Rahmen hinausgehende Analyse der Argumente selbst.

Die relativ zahlreichen Rückverweise auf das »Philosophische Tagebuch« sollen u.a. deutlich machen, daß viele Argumente Berkeleys schon älter sind als die Veröffentlichung der »Prinzipien«.

6. Inhalt der »Dialoge«

Herkunft unserer Ideen: Gott ist die einzige Ursache. Die Materie ist dafür unnötig, ihre Existenz ist sogar unmöglich.

AUSGEWÄHLTE LITERATURHINWEISE

Einzelausgaben der »Dialoge«

1713 Three Dialogues between Hylas and Philonous. London.

1725 Three Dialogues between Hylas and Philonous. London (»The Second Edition«, Restexemplare der 1. Ausgabe).

1734 Three Dialogues between Hylas and Philonous. London (als Anhang zu »A Treatise Concerning the Principles of Human Knowledge«).

1750 Dialogues entre Hylas et Philonous. Amsterdam.

1756 Sammlung der vornehmsten Schriftsteller die die Würklichkeit ihres eigenen Körpers und der ganzen Körperwelt läugnen. Enthaltend des Berkeleys Gespräche zwischen Hylas und Philonous. und des Colliers Allgemeinen Schlüssel. Übersetzt und mit wiederlegenden Anmerkungen versehen nebst einem Anhang Worin die Würklichkeit der Körper erwiesen wird von Joh. Christ. Eschenbach. Rostock (übersetzt nach der französischen Ausgabe von 1750).

1776 Three Dialogues between Hylas and Philonous. London.

1781 Philosophische Werke. Erster Teil (einziger Teil). Leipzig.

1901 Berkeley's drei Dialoge zwischen Hylas und Philonous. Ins Deutsche übersetzt und mit einer Einleitung versehen von Raoul Richter. Leipzig (Philos. Bibliothek Bd. 102).

1926 Drei Dialoge zwischen Hylas und Philonous. Übers. von Raoul Richter, 2. Aufl. hrsg. von Raymund Schmidt. Leipzig (Philos. Bibliothek Bd. 102).

1955 Drei Dialoge zwischen Hylas und Philonous. Mit Einleitung und Anmerkungen neu herausgegeben von Georg Mende (Übersetzung von Raoul Richter in der Bearbeitung von Erwin Pracht). Berlin (Akademie-Verlag).

1980 Drei Dialoge zwischen Hylas und Philonous. Übers. von Raoul Richter, bearb. von Erwin Pracht, mit Einl., Anm. u. Register vers. u. hrsg. von Wolfgang Breidert. Hamburg (Philos. Bibliothek Bd. 102).

1991 verbesserte Auflage.

Werkausgaben

1784 Dublin/London. (Ed. Joseph Stock?) 2 Bde. (Nachdr. London 1820, 3 Bde.; London 1837, 1 Bd.).

1843 London. Ed. G. N. Wright. 2 Bde.

1871 Oxford. Ed. A. C. Fraser, 4 Bde.

1897/98 London. Ed. G. Sampson. 3 Bde.

1901 Oxford. Ed. A. C. Fraser. 4 Bde. (nicht identisch mit der Ausgabe von 1871).

1948–1957 Edinburgh. Ed. A. A. Luce / T. E. Jessop. 9 Bde. (Nachdr. 1964 u. 1979).

Biographien

Fraser, A. C., Life and Letters of George Berkeley. Oxford 1871.

Balfour, A. J., Biographical Introduction. In: The Works of George Berkeley, ed. G. Sampson. London 1897.

Rand, Benjamin, Berkeley and Percival. Cambridge 1914.

Hone, J. M. / Rossi, M. M., Bishop Berkeley: His Life, Writings, and Philosophy. With an introduction by W. B. Yeats. London 1931.

Luce, A. A., The Life of George Berkeley, Bishop of Cloyne. Edinburgh 1949 (reprinted with new preface, New York 1968).

Bibliographien

Turbayne, Colin Murray / Ware, Robert, A Bibliography of George Berkeley 1933–1962. In: The Journal of Philosophy 60 (1963), 93–112.

Jessop, T. E., A Bibliography of George Berkeley. (With an inventary of Berkeley's manuscript remains by A. A. Luce) New York 1934; The Hague ²1973.

Keynes, Geoffrey, A Bibliography of George Berkeley, Bishop of Cloyne: His Works and his Critics in the Eighteenth Century. London 1976.

Turbayne, Colin Murray / Appelbaum, Robert, A Bibliography of George Berkeley 1963–1974. In: Journal of the History of Philosophy 15 (1977), 83–95.

Deutsche Übersetzungen anderer Schriften Berkeleys

Philosophisches Tagebuch (Philosophical Commentaries). Übers. u. hrsg. von Wolfgang Breidert. Hamburg 1979 (Philos. Bibliothek Bd. 318).

Versuch über eine neue Theorie des Sehens und Die Theorie des Sehens oder der visuellen Sprache ... verteidigt und erklärt. Übers. u. hrsg. von Wolfgang Breidert unter Mitw. von Horst Zehe. Hamburg 1987 (Philos. Bibliothek Bd. 399).

Eine Abhandlung über die Prinzipien der menschlichen Erkenntnis. Übers., mit einer Einleitung und Anmerkungen hrsg. von Arend Kulenkampff. Hamburg 2004 (Philos. Bibliothek Bd. 532).

Schriften über die Grundlagen der Mathematik und Physik. Einl. u. Übers. von Wolfgang Breidert. Frankfurt a. M. 1969 (enthält: Of Infinites, The Analyst und De Motu).

Alciphron. Übers. von Luise und Friedrich Raab. Mit einer Einleitung hrsg. von Wolfgang Breidert. Hamburg 1996 (Philos. Bibliothek Bd. 502).

Siris. Übers. u. hrsg. von Luise und Friedrich Raab. Leipzig 1913 (Philos. Bibliothek Bd. 149).

Rezensionen zu den »Drei Dialogen«

Journal Literaire, t. I, La Haye 1713 (May / Juin), pp. 147–160 (Nachdr. Genève 1968, pp. 47–51).
Mémoires de Trévoux, Déc. 1713, pp. 2198–2199.
Acta Eruditorum 1727 (August), pp. 379–383.
Mémoires de Trévoux, Mars 1750, pp. 675–690 (zur frz. Übers.).
Windheim, Christian Ernst von, Philosophische Bibliothek, Bd. 4, Hannover 1751, S. 341–355.
Windheim, Christian Ernst von, Bemühungen der Weltweisen vom Jahr 1700 bis 1750, Bd. 3, Nürnberg 1752, S. 65–66.

Literatur zu Berkeley und den »Drei Dialogen«

Jaffé, George, Über die räumliche Anschauungsform. Vierter Dialog zu Berkeleys drei Dialogen zwischen Hylas und Philonous. In: Vierteljahrsschrift für wissenschaftliche Philosophie und Soziologie 33 (N.F. 8) (1909), 31–65.
Cahn, Leo, Darstellung und Kritik von Berkeleys drei Dialogen zwischen Hylas und Philonous. (Diss. Gießen) Marburg 1915.
Erdmann, Benno, Berkeleys Philosophie im Lichte seines wissenschaftlichen Tagebuchs. Berlin 1919 (Abhandlg. d. Preuß. Akad. d. Wiss., Philos.-histor. Klasse, Nr. 8).
Cassirer, Ernst, Berkeley. In: Das Erkenntnisproblem in der Philosophie und Wissenschaft der neueren Zeit, Bd. 2. 3. Aufl. 1922 (Nachdr. Darmstadt 1971), S. 275–327.
Stammler, Gerhard, Berkeleys Philosophie der Mathematik. Berlin 1922 (Kantstudien Ergänzungsheft Nr. 55).
Johnston, G. A., The Development of Berkeley's Philosophy. London 1923 (Reprinted New York 1965).

Metz, Rudolf, George Berkeley – Leben und Lehre. Stuttgart 1925 (Nachdr. Stuttgart-Bad Cannstatt 1968).

Hicks, G. Dawes, Berkeley. London 1932. (Reprint Bristol 1992)

Luce, A.A., Berkeley and Malebranche. Oxford 1934.

Wild, John, George Berkeley – A Study of His Life and Philosophy. Cambridge 1936.

Wimmer, Hans Alfred, Neue Dialoge zwischen Hylas und Philonous. Gespräche über den Kausalzusammenhang des Bewußtseins und die Grundlagen der transscendentalen Philosophie. Heidelberg 1938.

Luce, A.A., Berkeley's Immaterialism. A Commentary on his »A Treatise Concerning the Principles of Human Knowledge«. Edinburgh 1945 (Reprinted New York 1968).

Fritz, Anita Dunlevy, Malebranche and the Immaterialism of Berkeley. The Review of Metaphysics 3 (1949/50), 59–80.

Warnock, G.J., Berkeley. London 1953.

Wisdom, J.O., The Unconscious Origins of Berkeley's Philosophy. London 1953 (New York 1957).

Bunge, Mario, New Dialogues Between Hylas and Philonous. Philosophy and Phenomenological Research 15 (1954/55), 192–199.

Turbayne, Colin M., Kant's Refutation of Dogmatic Idealism. Philosophical Quarterly 20 (1955), 225–244.

Gueroult, Martial, Berkeley, quatre études sur la perception et sur Dieu. Paris 1956.

Jessop, T. E., George Berkeley. London 1959.

Leroy, André-Louis, George Berkeley. Paris 1959.

Rauter, Herbert, »The Veil of Words«. Sprachauffassung und Dialogform bei George Berkeley. Anglia 79 (1962), 378–404.

Luce, A. A., The Dialectic of Immaterialism. London 1963.

Davie, Donald, Berkeley and the Style of Dialogue. In: The English Mind, ed. by Hugh Sykes Davies and George Watson. Cambridge 1964, pp. 90–106.

Turbayne, Colin M., Introduction. In: G. Berkeley: Principles, Dialogues, and Philosophical Correspondence, ed by

C. M. Turbayne. Indianapolis and New York 1965, pp. VII–XXXIV.

Ardley, Garvin, Berkeley's Renovation of Philosophy. The Hague 1968.

Stack, George, Berkeley's Analysis of Perception. The Hague u. Paris 1970 (Studies in Philosophy XXI).

Bennett, Jonathan, Locke, Berkeley, Hume. Central Themes. Oxford 1971.

Imlay, R. A., Berkeley on Abstract General Ideas. In: Journal of the History of Philosophy 9 (1971), 321–328.

Wilson, Margaret D., Kant and ›The Dogmatic Idealism of Berkeley‹. Journal of the History of Philosophy 9 (1971), 459–476.

Park, Désirée, Complementary notions. A critical study of Berkeley's theory of concepts. The Hague 1972.

Brook, Richard J., Berkeley's Philosophy of Science. The Hague 1973.

Miller, George, Kant and Berkeley: The Alternative Theories. Kantstudien 64 (1973), 315–335.

Bracken, Harry M., Berkeley. London 1974.

Gallois, André, Berkeley's Master Argument. Philosophical Review 83 (1974), 55–68.

Tipton, I. C., Berkeley – The Philosophy of Immaterialism. London 1974.

Brykman, Geneviève, Berkeley: sa lecture de Malebranche à travers le dictionnaire de Bayle. In: Revue internationale de philosophie 29 (1975), 496–514.

Huber, Carlo E., Der englische Empirismus als Bewußtseinsphilosophie: Seine Eigenart und das Problem der Geltung von Bewußtseinsinhalten in ihm. Gregorianum 58 (1977), 641–674.

Peirce, Charles S., Rezension zu Frasers Ausgabe der Werke von George Berkeley (1871). Collected Papers 8.7–8.38; deutsch (gekürzt) in: Schriften zum Pragmatismus und Pragmatizismus, hrsg. von K.-O. Apel, Frankfurt a. M. [2]1976, S. 106–138.

Pitcher, George, Berkeley. London usw. 1977.
Silver, Bruce, The Conflicting Microscopic Worlds of Berkeley's *Three Dialogues*. Journal of the History of Ideas 37 (1976), 343–349.
Thomas, George H., Berkeley's God Does Not Perceive. Journal of the History of Philosophy 14 (1976), 163–168.
Woozley, A.D., Berkeley's Doctrine of Notions and Theory of Meaning. Journal of the History of Philosophy 14 (1976), 427–436.
Brykman, Geneviève, Berkeley, lecteur et critique de Spinoza. In: Recherches sur le XVIIème siècle, II, ed. A. Robinet. Paris (C.N.R.S.) 1978, pp. 173–192.
Huber, Carlo E., Die Vollendung des englischen Empirismus als Bewußtseinsphilosophie. Gregorianum 59 (1978), 129–174.
Breidert, Wolfgang, George Berkeley: Wahrnehmung und Wirklichkeit. In: Josef Speck (Hrsg.): Grundprobleme der großen Philosophen, Philosophie der Neuzeit I. Göttingen 1979, S. 211–239.
Dicker, Georges, Two Arguments from Perceptual Relativity in Berkeley's Dialogues Between Hylas and Philonous. Southern Journal of Philosophy 20 (1982), 409–422.
Lambert, Richard T., The Literal Intent of Berkeley's Dialogues. Philosophy and Literature 6 (1982).
Breidert, Wolfgang, George Berkeley 1685–1753. Basel 1989 (Vita mathematica Bd. 4).
Pappas, George S., Berkeley's Thought. Ithaca – London 2000.
Fogelin, Robert J., Berkeley and the Principles of Human Knowledge. London 2001.
Kemmerling, Andreas, »A Pleasant Mistake Enough« – Zu Berkeleys sogenanntem Meisterargument. In: Ralph Schumacher (Hrsg.), Idealismus als Theorie der Repräsentation? Paderborn 2001.
Schumacher, Ralph, Berkeley über die Wahrnehmung von Eigenschaften und Dingen. In: Ralph Schumacher (Hrsg.), Idealismus als Theorie der Repräsentation? Paderborn 2001.

Kulenkampff, Arend, Esse est percipi – Untersuchungen zur Philosophie George Berkeleys. Basel 2001.

Stoneham, Tom, Berkeley's World: An Examination of the Three Dialogues. Oxford 2002.

Schumacher, Ralph, Repräsentationalismus und Immaterialismus – Ein Überblick über die Forschungsliteratur zu den Theorien George Berkeleys. Zeitschrift für philosophische Forschung 58 (2004), 279–297.

Aufsatzsammlungen

British Journal for the Philosophy of Science, vol.4 (1953).

Hermathena, vol. 82 (1953).

Revue philosophique de la France et de l'étranger, t. 78 (1953).

Revue internationale de philosophie, t. 7 (1953).

Pepper, Stephen C. / Aschenbrenner, Karl / Mates, Benson (Eds.), George Berkeley – Lectures delivered before the Philosophical Union of the University of California. Berkeley / Los Angeles 1957.

Steinkraus, Warren E. (Ed.), New Studies in Berkeley's Philosophy. New York 1966.

Engle, Gale W. / Taylor, Gabriel (Eds.), Berkeley's Principles of Human Knowledge. Belmont, Calif. 1968.

Martin, C.B. / Armstrong, David M. (Eds.), Locke and Berkeley – A Collection of Critical Essays. London / Melbourne 1968.

McMullin, Ernan (Ed.), The Concept of Matter in Modern Philosophy. Notre Dame / London 1978 (nicht vorwiegend unmittelbar zu Berkeley).

Turbayne, Colin M. (Ed.), Berkeley – Critical and Interpretative Essays. Manchester (New Hampshire) 1982.

Foster, John / Robinson, Howard (Eds.), Essays on Berkeley. Oxford 1985.

Revue internationale de philosophie No. 154 (1985).

Wijsgerig perspectief op maatschappij en wetenschap, Jg. 26 (No. 2), 1985/86.

Sosa, Ernest (Ed.), Essays on the Philosophy of George Berkeley. Dordrecht 1987.

Creery, W. (Ed.), George Berkeley: Critical Assessments, London – New York 1991 (3 vols.).

Muehlmann, Robert G., Berkeley's Metaphysics: Structural, Interpretative and Critical Essays. University Park (Pennsylvania) 1995.

McCracken, Charles J. / Tipton, Ian C. (Eds.), Berkeley's Principles and Dialogues: Background Source Materials. Cambridge 2000.

Berlioz, Dominique (Ed.) Berkeley: Langage de la perception et art de voir. Paris 2003.

Daniel, Steve (Ed.), Reexamining Berkeley's Philosophy. Toronto 2004.

THREE
DIALOGUES
BETWEEN
Hylas and *Philonous*.

The Deſign of which
Is plainly to demonſtrate the Reality and Perfection of Humane Knowlege, the Incorporeal Nature of the Soul, and the Immediate Providence of a DEITY:

In Oppoſition to
SCEPTICS and *ATHEISTS*.

ALSO,
To open a METHOD for rendering the SCIENCES more eaſy, uſeful, and compendious.

By *George Berkeley*, M. A. Fellow of *Trinity*-College, *Dublin*.

LONDON:
Printed by G. *James*, for HENRY CLEMENTS, at the *Half-Moon*, in S. *Paul's* Church-yard. MDCCXIII.

DREI DIALOGE
ZWISCHEN HYLAS UND PHILONOUS

1 DEM SEHR EHRENWERTEN

LORD BERKELEY VON STRATTON

Urkundenbewahrer im Königreich Irland,
Kanzler des Herzogtums Lancaster
und einer der Lords von Ihrer Majestät
höchst ehrenwertem Geheimen Rat

Mein Lord,

Tugend, Gelehrsamkeit und gesunder Verstand, die, wie allgemein anerkannt, Euren Charakter auszeichnen, könnten mich in Versuchung bringen, mir das Vergnügen zu gönnen, das naturgemäß darin liegt, denen Beifall zu spenden, die wir achten und ehren; und bedeutungsvoll dürfte wohl für die Untertanen Großbritanniens die Kenntnis sein, daß Euer hervorragender Anteil an der Gunst Eurer Königin und die Euch erwiesenen Ehrungen nicht auf irgendeine Bewerbung von seiten Eurer Lordschaft erfolgt sind, sondern entsprungen sind aus Ihrer Majestät eigener Erwägung, der Würdigung Eurer persönlichen Verdienste und der Neigung, solche zu belohnen. Aber, da Euer Name dieser Abhandlung in der Absicht vorangestellt ist, einzig mir damit Ehre anzutun, so sage ich nur, daß mich die Gunst, die Ihr mir erwiesen habt, ermutigt, diese Blätter Eurer Lordschaft zuzueignen. Dies ließ ich mir um so mehr angelegen sein, als keinem die Widmung einer philosophischen Abhandlung so sehr gebührte wie einem Manne vom Charakter Eurer Lordschaft, der Ihr mit Euren übrigen Vorzügen die Kenntnis der Philosophie und den Geschmack an derselben verbindet.

Ich bin in größter Ehrfurcht, mein Lord,
Eurer Lordschaft gehorsamster und zutiefst ergebener Diener

George Berkeley

2 VORWORT

Obgleich es die allgemeine Ansicht der Welt sowie die Absicht der Natur und der Vorsehung zu sein scheint, daß der Endzweck der Forschung in der Anwendung liegt, nämlich in der Verbesserung und Lenkung unseres Lebens und unserer Handlungen, so scheinen doch diejenigen, die sich mit besonderer Hingabe spekulativen Forschungen widmen, in diesem Punkt ebenso allgemein anderer Ansicht zu sein. Und in der Tat, wenn man bedenkt, welche Mühe man sich gemacht hat, um die einfachsten Dinge zu verwirren – all das Mißtrauen gegenüber den Sinnen, die Zweifel und Bedenklichkeiten, Abstraktionen und Spitzfindigkeiten, die einem von Beginn an in den Wissenschaften aufstoßen –, dann kann es nicht überraschen, daß Männer von Muße und Wißbegier sich mit völlig wertlosen Untersuchungen abplagen, statt sich den praktischen Seiten des Lebens zuzuwenden oder Kenntnisse in jenen Teilbereichen des Wissens zu erwerben, die notwendiger und wichtiger sind.

Nach den gängigen Grundannahmen der Philosophen verbürgt die Wahrnehmung von Dingen nicht deren Dasein. Und man lehrt uns, die reale Natur der Dinge von derjenigen zu unterscheiden, die unseren Sinnen zugänglich ist. Daraus erwach-
3 sen *Skeptizismus* und *Paradoxa*. Es genügt nicht, daß wir ein Ding sehen und tasten, schmecken und riechen. Seine wahre Natur, sein absolutes, außer uns existierendes Sein bleibt stets verborgen. Denn obwohl dieses nur eine Fiktion unseres eigenen Gehirns ist, haben wir es zu etwas gemacht, das alle unsere Fähigkeiten übersteigt. Die Sinne trügen, die Vernunft ist fehlbar. Wir vergeuden unsere Zeit, indem wir an Dingen zweifeln, die anderen Leuten als schlechthin gewiß gelten, und Dingen Glauben schenken, für die andere nur Spott und Verachtung übrig haben.

Um daher den geschäftigen menschlichen Geist von nichtigen Forschungen abzubringen, schien es geboten, den Ursprung seiner Verwirrungen zu untersuchen und, wenn möglich, solche Grundsätze aufzustellen, die durch einfache Lösung dieser Schwierigkeiten wie auch durch die ihnen natürlicherweise eigene Klarheit dem Geist sogleich als authentisch einleuchten und ihn von jenen endlosen Bestrebungen befreien, in die er sich eingelassen hat. Hierin sowie in einem bündigen Beweis der unmittelbaren Vorsehung eines alles wahrnehmenden Gottes und der natürlichen Unsterblichkeit der Seele dürfte die bestmögliche Vorbereitung und zugleich der stärkste Antrieb zum Erlernen und Üben der Tugend liegen.

Diese Absicht habe ich in Teil I einer im Jahre 1710 erschienenen Abhandlung über die *Prinzipien der menschlichen Erkenntnis*
verfolgt. Doch bevor ich mich anschicke, Teil II zu veröffentli- 4
chen, halte ich es für angezeigt, bestimmte im ersten Teil auf-
gestellte Grundsätze klarer und ausführlicher zu behandeln und
in ein neues Licht zu setzen. Das soll in den folgenden *Dialogen*
geschehen.

In dieser Abhandlung, die beim Leser keinerlei Kenntnis des Inhalts der früheren voraussetzt, geht es mir darum, die von mir vertretenen Auffassungen dem Geist auf die einfachste und faßlichste Weise nahezubringen – insbesondere deshalb, weil sie in schroffem Gegensatz zu den Vorurteilen der Philosophen stehen, die bisher stets die Oberhand über den gesunden Menschenverstand und die natürlichen Begriffe der Menschen gewonnen haben.

Wenn die Grundsätze, die ich hier verfechte, erst einmal als wahr anerkannt sind, so wird sich daraus, denke ich, folgerichtig ergeben, daß *Atheismus* und *Skeptizismus* gänzlich vernichtet sind, daß viele verwickelte Fragen aufgeklärt, schwierige Probleme gelöst, verschiedene nutzlose Teilbereiche der Wissenschaft stillgelegt werden, daß das theoretische Denken auf die Praxis bezogen und die Menschheit von Paradoxien zum Common sense zurückgeführt wird.

Und wenn auch der eine oder andere Unbehagen bei dem

Gedanken empfinden mag, daß er, nachdem er eine Welt von hochsubtilen und esoterischen Begriffen umschifft hat, zuletzt wie andere Leute denken sollte, so liegt für mich in dieser Rückkehr zu den schlichten Anweisungen der Natur nach all den Streifzügen durch die wilden Irrgärten der Philosophie nichts Unangenehmes. Es ist wie die Heimkehr von einer langen Reise. Mit Behagen erinnert man sich der vielen Widrigkeiten und
5 Wirrungen, die einem zugestoßen sind, und erfreut sich fortan eines Lebens in heiterer Zufriedenheit.

In der Absicht, *Skeptiker* und *Ungläubige* durch Vernunftgründe zu überzeugen, habe ich mich bestrebt, die strengsten Gesetze des Schließens peinlich genau zu beachten. Und einem unvoreingenommenen Leser wird es, hoffe ich, einleuchten, daß die erhabene Vorstellung eines Gottes und die tröstliche Erwartung der Unsterblichkeit naturgemäß aus pünktlicher und methodischer Denktätigkeit erwachsen – was auch immer das Ergebnis jener ungebundenen, schweifenden Manier sein mag, die gewisse Libertins des Denkens, welche ebensowenig den Zwang der *Logik* wie den der *Religion* oder der *Regierung* ertragen können,
6 nicht ganz unpassend *Freidenkertum* genannt haben.

Vielleicht wird man gegen mein Vorhaben einwenden, daß es, soweit es darauf abzielt, dem Geist schwierige und nutzlose Untersuchungen zu ersparen, nur für einige wenige spekulative Köpfe von Belang sein kann. Wenn aber dadurch, daß deren Forschungen in die richtige Bahn gelenkt werden, das Studium der Moral und des Naturrechts unter fähigen und talentreichen Männern mehr in Übung kommt, wenn die dem Skeptizismus Vorschub leistenden Widrigkeiten beseitigt, die Maßstäbe für Recht und Unrecht exakt bestimmt, die Grundsätze der natürlichen Religion in ein vorschriftsmäßiges System gebracht werden, ebenso lege artis angeordnet und klar entwickelt wie die Grundsätze einiger anderer Wissenschaften, dann kann füglich erwartet werden, daß diese Wirkungen nach und nach zum Wiedererstarken des allenthalben so sehr verkommenen Tugendsinns beitragen werden. Doch damit nicht genug: der Nachweis, daß die Teile der Offenbarung, die der menschlichen Forschung zugänglich sind, mit der rechten Vernunft in vollem Einklang stehen, sollte jeden besonnenen und vorurteilslosen Menschen veranlassen, im Umgang mit jenen heiligen Geheimnissen, die unsere Fassungskraft übersteigen, Bescheidenheit und Behutsamkeit zu üben.

Zum Schluß bitte ich den Leser, mit seinem Urteil über diese Dialoge zurückzuhalten, bis er sie ganz gelesen hat. Sonst könnte es sein, daß er sie beiseite legt, weil er ihre Absicht mißversteht, oder aufgrund von Schwierigkeiten und Einwänden, die er im weiteren Verlauf beantwortet finden würde. Eine Abhandlung dieser Art erfordert, daß sie einmal in einem Stück gelesen wird, damit man ihren Zweck, die Beweise, die Lösung von Schwierigkeiten sowie die Verbindung und Anordnung ihrer Teile versteht. Erscheint sie wert, ein zweites Mal gelesen zu werden, so 7
sollte, meine ich, die philosophische Konzeption ohne weiteres
einleuchten – zumal dann, wenn man meinen vor einigen Jahren geschriebenen Versuch über das *Sehen* heranzieht, ferner die 8
Abhandlung über die *Prinzipien der menschlichen Erkenntnis*, wo diverse in diesen *Dialogen* entwickelte Auffassungen weiter verfolgt oder in besonderer Beleuchtung dargestellt sowie andere Gesichtspunkte geltend gemacht werden, die naturgemäß geeignet erscheinen, das hier Gesagte zu bestätigen und zu erläutern.

ERSTER DIALOG

Philonous Guten Morgen, Hylas. Ich habe nicht erwartet, dich so früh im Freien anzutreffen.

Hylas Das ist allerdings ungewöhnlich. Aber meine Gedanken waren so sehr von den Dingen in Anspruch genommen, über die ich mich gestern abend unterhalten habe, daß ich nicht schlafen konnte und daher aufzustehen beschloß, um einen Gang durch den Garten zu machen.

Philonous Das trifft sich gut; denn nun siehst du, welche unschuldigen und liebenswerten Vergnügungen du dir jeden Morgen entgehen läßt. Kann es einen angenehmeren Teil des Tages oder eine berückendere Jahreszeit geben? Dieser Purpurhimmel, diese kunstlosen, aber süßen Weisen der Vögel, der duftende Hauch auf Bäumen und Blumen, die wohltätige Wirkung der aufsteigenden Sonne – diese und tausend namenlose Schönheiten der Natur wecken geheimes Entzücken in der Seele. Auch eignen sich deren Fähigkeiten, die um diese Zeit frisch und belebt sind, zu solchen Betrachtungen, zu denen wir durch die Einsamkeit eines Gartens und die Morgenstille natürlicherweise angeregt werden. Aber ich fürchte, ich unterbreche dich in deinen Gedanken; denn du schienst sehr mit etwas beschäftigt.

Hylas Ganz recht; und ich wäre dir dankbar, wenn du mir erlauben würdest, die Sache weiter zu verfolgen. Nicht, daß ich die Absicht hätte, mich deiner Gesellschaft zu entziehen; denn meine Gedanken fließen stets leichter, wenn ich mich mit einem Freund unterhalte, als wenn ich allein bin. Ich möchte dich lediglich bitten, dir meine Überlegungen mitteilen zu
9 dürfen.

Philonous Herzlich gern. Ich hätte dich selbst darum gebeten, wenn du mir nicht zuvorgekommen wärest.

Hylas Ich habe über das seltsame Geschick derjenigen nachgedacht, die zu allen Zeiten in dem eitlen Bestreben, anders zu sein als das einfache Volk, oder aufgrund einer unerklärlichen Laune des Denkens den Anschein erweckt haben, entweder überhaupt nichts oder die überspanntesten Dinge von der Welt zu glauben. Dies möchte noch angehen, wenn ihre Paradoxa und ihre Skepsis nicht einige für die Menschheit sehr nachteilige Konsequenzen nach sich zögen. Doch das eigentlich Fatale ist: Wenn Leute, die weniger Muße haben, feststellen müssen, daß diejenigen, die sich ihrer Meinung nach mit nichts anderem als der Erweiterung ihres Wissens beschäftigen, vollkommenes Nichtwissen in allen Dingen bekennen oder Auffassungen vertreten, die schlichten und allgemein anerkannten Grundsätzen widersprechen, dann werden sie versucht sein, die wichtigsten Wahrheiten, die ihnen bisher für heilig und unbezweifelbar gegolten haben, mit Mißtrauen zu betrachten.

Philonous Ich teile deine Ansicht, was die üblen Folgen der Zweifelsucht einiger Philosophen und der phantastischen Einfälle anderer betrifft. Ich habe unlängst aus dieser Einsicht heraus beschlossen, einige jener erhabenen Begriffe, die ich in ihren Schulen erworben habe, für gewöhnliche Anschauungen aufzugeben. Und du kannst mir glauben, daß diese Abkehr von metaphysischen Begriffen und Hinwendung zu den schlichten Eingebungen der Natur und des gesunden Menschenverstandes mein Denken wunderbar erleuchtet hat, so daß ich jetzt vieles mit Leichtigkeit begreife, das vorher pures Geheimnis und Rätsel für mich gewesen ist.

Hylas Ich bin froh zu erfahren, daß nichts Wahres an dem ist, was über dich berichtet wurde.

Philonous Darf ich fragen, was man über mich erzählt hat?

Hylas In der gestrigen Abendunterhaltung wurde von dir behauptet, du würdest die überspannteste Ansicht vertreten, die je in eines Menschen Geist Eingang gefunden hat, nämlich daß es so etwas wie *materielle Substanz* in der Welt nicht gäbe.

Philonous Daß es nichts derartiges gibt, was Philosophen *materielle Substanz* nennen, ist in der Tat meine feste Überzeugung. Doch wenn man mir irgend etwas Widersinniges oder Skeptizistisches in dieser Überzeugung nachweisen würde, so hätte ich 1 denselben Grund, sie aufzugeben, den ich jetzt zu haben glaube, die gegenteilige Meinung zu verwerfen.

Hylas Wie! Kann es etwas Phantastischeres geben, das in krasserem Gegensatz zum gesunden Menschenverstand steht, oder einen schlagenderen Beweis des Skeptizismus als den Glauben, daß so etwas wie *Materie* nicht existiert?

Philonous Langsam, mein lieber Hylas. Was wäre denn, wenn sich zeigen sollte, daß du, der du glaubst, sie existiere, auf Grund dieser Meinung ein größerer *Skeptiker* bist und mehr Paradoxa und Auffassungen, die dem Common sense widerstreiten, vertrittst als ich, der nichts dergleichen glaubt?

Hylas Du könntest mich ebenso leicht überzeugen, daß der Teil größer als das Ganze ist, wie daß ich, um Widersinn und Skeptizismus zu vermeiden, jemals genötigt sein könnte, meine Meinung in dieser Frage aufzugeben.

Philonous Also gut: Bist du einverstanden, daß diejenige Meinung als wahr gelten soll, von der sich nach eingehender Prüfung herausstellt, daß sie dem Common sense am meisten entspricht und vom Skeptizismus am weitesten entfernt ist?

Hylas Von ganzem Herzen. Da du Lust hast, die einfachsten Dinge in der Natur zum Streitobjekt zu machen, bin ich bereit, mir anzuhören, was du zu sagen hast.

Philonous Sag, Hylas, was verstehst du unter einem *Skeptiker*?

Hylas Was alle Welt darunter versteht – einen, der an allem zweifelt.

Philonous Wer also in einer bestimmten Hinsicht keinen Zweifel hegt, kann insoweit nicht als *Skeptiker* gelten.

Hylas Einverstanden.

Philonous Besteht Zweifeln darin, die bejahende oder die verneinende Antwort auf eine Frage zu akzeptieren?

Hylas Weder noch; denn wer unsere Sprache versteht, muß wissen, daß *Zweifeln* die Schwebe zwischen beiden bedeutet.

Philonous Wer also irgend etwas bestreitet, von dem kann man ebensowenig sagen, er zweifle daran, wie von einem, der es mit demselben Grad von Zustimmung bejaht.

Hylas Das ist wahr.

Philonous Und er ist folglich aufgrund seines Bestreitens ebensowenig ein *Skeptiker* wie der andere.

Hylas Das gebe ich zu.

Philonous Wie kommt es dann, Hylas, daß du mich einen *Skeptiker* nennst, weil ich bestreite, was du anerkennst, nämlich die Existenz der Materie? Bin ich doch, wie du wohl weißt, ebenso entschieden im Bestreiten wie du im Bejahen.

Hylas Halt, Philonous, ich habe mich bei meiner Definition ein wenig vertan; aber über einen Schnitzer, der einem im Gespräch unterläuft, wird man wohl hinwegsehen dürfen. Ich habe in der Tat gesagt, ein *Skeptiker* sei einer, der an allem zweifelt; aber ich hätte hinzufügen müssen: oder der die Wirklichkeit und Wahrheit der Dinge leugnet.

Philonous Welcher Dinge? Meinst du die Prinzipien und Lehrsätze der Wissenschaften? Aber diese sind, wie du weißt, allgemeine Vernunftwahrheiten und also von der Materie unabhängig. Deren Leugnung schließt somit nicht die Leugnung jener
ein. 11

Hylas Zugestanden! Aber gibt es nicht noch andere Dinge? Was hältst du davon, wenn einer seinen Sinnen mißtraut, die Realexistenz der Sinnendinge leugnet oder vorgibt, nichts von ihnen zu wissen? Genügt das nicht, ihn als *Skeptiker* zu bezeichnen?

Philonous Sollen wir also untersuchen, wer von uns die Wirklichkeit der Sinnendinge leugnet oder in dieser Hinsicht die größte Unkenntnis bekundet? Denn der soll doch, wenn ich dich recht verstehe, als der eigentliche *Skeptiker* gelten?

Hylas Das eben wünsche ich.

Philonous Was verstehst du unter ›Sinnendinge‹?

Hylas Die Dinge, die durch die Sinne wahrgenommen werden. Kannst du dir vorstellen, daß ich etwas anderes meine?

Philonous Nichts für ungut, Hylas, wenn ich mich bemühe, deine Begriffe akkurat zu erfassen; das könnte nämlich unsere Untersuchung erheblich abkürzen. Erlaube mir daher eine weitere Frage. Werden nur diejenigen Dinge durch die Sinne wahrgenommen, die unmittelbar wahrgenommen werden? Oder kann man mit Fug und Recht als *Sinnendinge* auch solche bezeichnen, die mittelbar, d.h. nicht ohne Vermittlung anderer wahrgenommen werden?

Hylas Ich verstehe dich nicht ganz.

Philonous Wenn ich ein Buch lese, nehme ich unmittelbar die Buchstaben wahr; aber durch sie oder mittels ihrer werden meinem Geist die Begriffe von Gott, Tugend, Wahrheit etc. suggeriert. Daß nun die Buchstaben wirkliche Sinnendinge sind, steht außer Zweifel. Ich möchte aber wissen, ob du auch die durch sie suggerierten Dinge als solche ansiehst.

Hylas Natürlich nicht; es wäre ja absurd, *Gott* oder die *Tugend* für Sinnendinge zu halten, mögen sie auch durch sinnliche Merkmale, mit denen sie willkürlich verknüpft sind, dem Geist bezeichnet und suggeriert werden.

Philonous Du scheinst demnach als *Sinnendinge* nur solche Dinge anzusehen, die unmittelbar durch die Sinne wahrgenommen werden können.

Hylas So ist es.

Philonous Folgt daraus nicht, daß, wenn ich einen Teil des Himmels rot und einen anderen blau sehe und wenn ich daraus vernunftgemäß schließe, es müsse eine Ursache dieser Farbverschiedenheit geben, diese Ursache nicht ein Sinnending genannt
12 oder durch den Gesichtssinn wahrgenommen werden kann?

Hylas Freilich.

Philonous Nicht anders, wenn ich eine Menge verschiedener Töne höre. Auch dann kann man nicht sagen, daß ich die Ursachen dieser Töne höre.

Hylas Gewiß nicht.

Philonous Und wenn ich mit dem Tastsinn etwas als heiß oder schwer wahrnehme, so würde die Behauptung, daß ich die Ursache von Hitze oder Gewicht empfinde, jeder Berechtigung entbehren.

Hylas Um weiteren Fragen dieser Art ein für allemal zuvorzukommen, erkläre ich dir, daß ich unter *Sinnendingen* nur solche verstehe, die durch die Sinne wahrgenommen werden, und daß die Sinne genau genommen nichts wahrnehmen, was sie nicht unmittelbar wahrnehmen; denn sie ziehen keine Schlüsse. Daher ist die Ableitung von Ursachen oder Veranlassungen aus Wirkungen und Erscheinungen, die allein durch die Sinne wahrgenommen werden, ganz und gar Sache der Vernunft. 13

Philonous Über diesen Punkt sind wir uns also einig: *Sinnendinge und nur sie werden unmittelbar durch die Sinne wahrgenommen*. Bitte laß mich ferner wissen, ob wir durch den Gesichtssinn irgend etwas außer Licht, Farben und Gestalten unmittelbar wahrnehmen oder durch das Gehör irgend etwas außer Tönen, durch den Gaumen irgend etwas außer Geschmacksempfindungen, durch den Geruchssinn etwas anderes als Gerüche oder durch den Tastsinn etwas anderes als tastbare Qualitäten?

Hylas Sicher nicht.

Philonous Es scheint also nichts Sinnliches übrig zu bleiben, wenn du alle sinnlichen Qualitäten wegläßt.

Hylas Das gebe ich zu.

Philonous Sinnendinge sind mithin nichts anderes als sinnliche Qualitäten oder Kombinationen von solchen.

Hylas Nichts anderes.

Philonous Hitze ist demnach ein Sinnending.

Hylas Gewiß.

Philonous Besteht die Wirklichkeit der Sinnendinge im Wahrgenommenwerden? Oder ist sie etwas vom Wahrgenommenwerden Verschiedenes, das zum Geist in keiner Beziehung steht?

Hylas *Existenz* ist eine Sache und *Wahrgenommenwerden* eine andere.

Philonous Ich spreche nur von Sinnendingen, und von diesen möchte ich wissen, ob du unter ihrer realen Existenz ein selbständiges Sein außerhalb des Geistes verstehst, gesondert von ihrem Wahrgenommenwerden?

Hylas Ich verstehe darunter ein reales absolutes Sein, verschieden vom und ohne jede Beziehung zum Wahrgenommenwerden.

Philonous Hitze muß also unabhängig vom Geist existieren, wenn ihr Realität zugeschrieben werden soll.

Hylas Das muß sie.

Philonous Sag mir, Hylas, kommt diese reale Existenz in gleicher

Weise sämtlichen Hitzegraden zu, die wir wahrnehmen; oder gibt es einen Grund, sie einigen zu-, anderen abzusprechen? Wenn das der Fall ist, so teile mir bitte den Grund mit.

Hylas Welchen Hitzegrad wir auch immer sinnlich wahrnehmen, wir können sicher sein, daß derselbe in dem Gegenstand existiert, der ihn veranlaßt.

Philonous Wie? Der höchste so gut wie der geringste?

Hylas Ich sage dir, der Grund ist bei beiden genau derselbe; beide werden durch die Sinne wahrgenommen. Freilich wird der höhere Hitzegrad sinnlich stärker wahrgenommen, weshalb wir, sofern ein Unterschied besteht, seiner Realexistenz gewisser sein können als der Realität eines geringeren Grades.

Philonous Aber ist nicht der heftigste und stärkste Hitzegrad eine sehr große Unlust?

Hylas Das kann niemand bestreiten.

Philonous Und ist irgendein nichtwahrnehmendes Ding für Unlust oder Lust empfänglich?

Hylas Nein, gewiß nicht.

Philonous Ist deine materielle Substanz ein empfindungsloses Etwas oder mit Sinnen und Wahrnehmung begabt?

Hylas Ohne Zweifel ein empfindungsloses.

Philonous Sie kann daher nicht der Träger der Unlust sein.

Hylas Keinesfalls.

Philonous Folglich auch nicht der größten sinnlich wahrgenommenen Hitze, da diese ja, wie du einräumst, eine nicht geringe Unlust ist.

Hylas Zugegeben.

Philonous Was sollen wir dann von deinem äußeren Gegenstand sagen – ist er eine materielle Substanz oder nicht?

Hylas Er ist eine materielle Substanz, der die sinnlichen Qualitäten inhärieren.

Philonous Wie kann aber eine große Hitze in ihm existieren, wenn du doch zugibst, daß sie es in einer materiellen Substanz nicht kann? Es wäre mir lieb, du würdest in diesem Punkt für Klarheit sorgen.

Hylas Halt, Philonous, ich fürchte, ich habe mich geirrt, als ich anerkannte, daß starke Hitze eine Unlust ist. Es scheint vielmehr, daß Unlust etwas von Hitze Verschiedenes und die Folge oder Wirkung derselben ist.

Philonous Wenn du deine Hand dem Feuer näherst, nimmst du dann eine einfache einheitliche Empfindung wahr oder zwei gesonderte Empfindungen?

Hylas Nur eine einfache Empfindung.

Philonous Wird die Hitze unmittelbar wahrgenommen?

Hylas Ja.

Philonous Und die Unlust?

Hylas Ebenfalls.

Philonous Da somit beides unmittelbar zur selben Zeit wahrgenommen wird und das Feuer nur eine einfache, nicht zusammengesetzte Idee in dir hervorruft, so folgt daraus, daß eben diese einfache Idee beides ist, die unmittelbar wahrgenommene starke Hitze und die Unlust, und daß ergo die unmittelbar wahrgenommene starke Hitze von einer besonderen Art der Unlust nicht zu unterscheiden ist.

Hylas So scheint es.

Philonous Überlege ferner, Hylas, ob du dir eine lebhafte Empfindung vorstellen kannst, die frei von Lust und Unlust wäre.

Hylas Das kann ich nicht.

Philonous Oder kannst du dir eine Idee von sinnlicher Unlust oder Lust im allgemeinen bilden, abstrahiert von jeder besonderen Idee der Hitze oder Kälte, des Geschmacks oder Geruchs usw.?

Hylas Ich glaube nicht, daß ich das kann.

Philonous Folgt aber daraus nicht, daß sinnliche Unlust nichts von jenen Empfindungen oder Ideen, wenn diese sehr intensiv sind, Verschiedenes ist?

Hylas Das ist unbestreitbar; und ich neige, um die Wahrheit zu sagen, ein wenig zu der Auffassung, daß eine sehr große Hitze nur in einem sie wahrnehmenden Geist existieren kann.

Philonous Wie? Befindest du dich also in jenem *skeptischen* Zustand der Schwebe zwischen Bejahen und Verneinen?

Hylas Ich glaube, ich kann hier durchaus ein Urteil fällen. Eine sehr heftige, quälende Hitze kann nicht außerhalb des Geistes existieren.

Philonous Sie hat also deiner Ansicht nach keinerlei reales Sein.

Hylas Das gebe ich zu.

Philonous Demnach steht fest, daß es in der Natur keinen Körper gibt, der realiter heiß wäre?

Hylas Ich habe nicht bestritten, daß es reale Hitze in Körpern gibt. Ich sage nur, es gibt keine starke reale Hitze.

Philonous Aber hast du nicht vorher gesagt, alle Hitzegrade seien gleichermaßen real beziehungsweise, wenn es einen Unterschied gäbe, so bestünde er darin, daß die Realität der höheren Grade gewisser sei als die der niedrigeren?

Hylas Ganz recht. Aber ich habe dabei nicht bedacht, warum hier ein Unterschied zu machen ist, und dieser Grund ist mir jetzt völlig klar. Es ist folgender: Weil starke Hitze nichts anderes als eine besondere Art von Unlustempfindung ist und weil Unlust nur in einem wahrnehmenden Seienden existieren kann, so folgt daraus, daß keine starke Hitze in einer nichtwahrnehmenden körperlichen Substanz real existieren kann. Doch ist dies kein Grund, die Existenz von Hitze geringeren Grades in einer solchen Substanz zu bestreiten.

Philonous Aber wie können wir denn Hitzegrade, die nur im Geist existieren, von solchen, die außerhalb des Geistes existieren, unterscheiden?

Hylas Damit hat es keine Schwierigkeit. Wie du weißt, kann das geringste Unlustgefühl nicht unwahrgenommen existieren, so daß jeder Hitzegrad, der ein Unlustgefühl ist, nur im Geist existiert. Was aber alle anderen Hitzegrade angeht, so zwingt uns nichts, von ihnen dasselbe anzunehmen.

Philonous Ich meine, du hättest vorhin zugegeben, daß kein nichtwahrnehmendes Seiendes der Lust fähig ist, so wenig wie der Unlust.

Hylas Das habe ich.

Philonous Und ist nicht Wärme oder ein Hitzegrad, der nicht so stark ist, daß er Unbehagen erzeugt, eine Lust?

Hylas Ja und?

Philonous Folglich kann er nicht außerhalb des Geistes in einer nichtwahrnehmenden Substanz oder einem Körper existieren.

Hylas So scheint es.

Philonous Da mithin sowohl die angenehmen als auch die unangenehmen Hitzegrade nur in einer denkenden Substanz existieren können – dürfen wir daraus nicht schließen, daß äußere Körper schlechthin unfähig sind, heiß zu sein, in welchem Grade auch immer?

Hylas Wenn ich es recht bedenke, will es mir nicht so selbstverständlich erscheinen, daß Wärme etwas Angenehmes wie daß große Hitze eine Unlust ist.

Philonous Ich behaupte nicht, Wärme sei eine so große Lust wie Hitze eine Unlust. Aber wenn du sie auch nur als kleine Lust gelten läßt, so ist das für meine Schlußfolgerung hinreichend.

Hylas Ich würde sie eher als *Empfindungslosigkeit* bezeichnen. Sie scheint nichts weiter als die Abwesenheit von Unlust und Lust zu sein. Und daß eine solche Qualität oder ein Zustand dieser Art zu einer ungeistigen Substanz paßt, wirst du hoffentlich nicht bestreiten.

Philonous Wenn du darauf bestehst, daß Wärme oder ein schwacher Hitzegrad keine Lust ist, so kann ich, um dich von dieser Überzeugung abzubringen, nur an deine eigene Sinneserfahrung appellieren. Aber wie verhält es sich deiner Meinung nach mit der Kälte?

Hylas Genauso wie mit der Hitze. Kälte hohen Grades ist eine Unlust. Denn eine sehr starke Kälte empfinden heißt: ein großes Unbehagen fühlen. Sie kann daher nicht außerhalb des Geistes existieren; aber ein geringerer Kältegrad kann es, genauso wie ein geringerer Hitzegrad.

Philonous Demnach müssen wir schließen, daß Körper, bei deren Berührung wir einen mäßigen Hitzegrad wahrnehmen, einen mäßigen Hitzegrad oder Wärme in sich haben; und wenn wir bei Berührung mit ihnen einen ebensolchen Kältegrad verspüren, müssen wir annehmen, daß sie Kälte in sich haben.

Hylas Exakt.

Philonous Kann irgendeine Lehrmeinung wahr sein, aus der Wi-
14 dersinniges mit Notwendigkeit folgt?

Hylas Zweifellos nicht.

Philonous Ist es nicht widersinnig anzunehmen, dasselbe Ding sei gleichzeitig kalt und warm?

Hylas Selbstverständlich.

Philonous Nimm nun an, deine eine Hand sei heiß, die andere kalt und du würdest beide gleichzeitig in ein Gefäß mit Wasser mittlerer Temperatur tauchen: Wird das Wasser nicht der einen Hand kalt, der anderen warm erscheinen?

Hylas Freilich.

Philonous Müssen wir also nicht nach deinen Grundsätzen schließen, daß es realiter zugleich kalt und warm ist, das heißt: nach dem, was du selbst eingeräumt hast, etwas Widersinniges glauben?

Hylas Ich gebe zu, daß es den Anschein hat.

Philonous Somit sind die Grundsätze selber falsch, da du zugegeben hast, daß kein wahrer Grundsatz Widersinniges zur Folge haben kann.

Hylas Aber ist es denn nicht der Inbegriff des Widersinns, wenn man sagt: *Es ist keine Hitze im Feuer*?

Philonous Um diesen Punkt noch weiter zu klären, sage mir bitte, ob wir nicht in zwei vollkommen gleichen Fällen dasselbe Urteil abgeben müssen?

Hylas Unstreitig müssen wir das.

Philonous Wenn du dich mit einer Nadel in den Finger stichst, zerreißt und trennt sie nicht die Fasern deines Fleisches?

Hylas So ist es.

Philonous Und wenn du dir an einem Stück Kohle den Finger verbrennst, tut es nicht das gleiche?

Hylas Durchaus.

Philonous Da du also nicht urteilst, die durch die Nadel verursachte Empfindung oder etwas ihr Ähnliches sei in der Nadel, so solltest du auch nach dem jetzt Zugestandenen nicht urteilen, die vom Feuer verursachte Empfindung oder etwas ihr Ähnliches sei im Feuer.

Hylas Nun gut, wenn es denn sein muß, will ich in diesem Punkt nachgeben und anerkennen, daß Hitze und Kälte nur Empfindungen sind, die in unserem Geist existieren. Doch gibt es noch genügend andere Qualitäten, um die Realität äußerer Dinge zu gewährleisten.

Philonous Aber was wirst du sagen, Hylas, wenn sich herausstellen sollte, daß es sich mit allen anderen sinnlichen Qualitäten ebenso verhält und man von ihnen genausowenig annehmen kann, daß sie außerhalb des Geistes existieren, wie von Hitze und Kälte?

Hylas Das würde dich allerdings deinem Ziel ein großes Stück näherbringen. Aber ich halte es für ausgeschlossen, daß man das beweisen kann.

Philonous Laß uns die Qualitäten der Reihe nach prüfen. Was hältst du von den Geschmäcken? Existieren sie außerhalb des Geistes oder nicht?

Hylas Kann jemand allen Ernstes bezweifeln, daß Zucker süß und Wermut bitter ist?

Philonous Verrate mir, Hylas, ist ein süßer Geschmack eine besondere Art von Lust oder angenehmer Empfindung oder nicht?

Hylas Das ist er.

Philonous Und ist Bitterkeit nicht eine Art von Unbehagen oder Unlust?

Hylas Zugegeben.

Philonous Wenn somit Zucker und Wermut nichtdenkende körperliche Substanzen sind, die außerhalb des Geistes existieren, wie können ihnen Süße und Bitterkeit, d.h. Lust und Unlust zukommen?

Hylas Halt, Philonous, ich weiß jetzt, was mich die ganze Zeit irregeführt hat. Du hast gefragt, ob Hitze und Kälte, Süße und Bitterkeit nicht besondere Arten von Lust oder Unlust seien; darauf habe ich einfach geantwortet, daß sie das sind. Statt dessen hätte ich folgende Unterscheidung treffen sollen: Jene Qualitäten, wie sie von uns wahrgenommen werden, sind Lust und Unlust, nicht aber wie sie in den äußeren Gegenständen existieren. Wir dürfen daher nicht ohne weiteres schließen, daß keine Hitze im Feuer oder Süße im Zucker ist, sondern nur, daß Hitze oder Süße, wie wir sie wahrnehmen, nicht im Feuer oder Zucker ist. Was sagst du dazu?

Philonous Ich sage, es tut nichts zur Sache. Unser Gespräch dreht sich ausschließlich um Sinnendinge, die du als diejenigen Dinge definiert hast, die wir *unmittelbar durch die Sinne wahrnehmen*. Was es sonst noch für Qualitäten geben mag, die, wie du sagst, von jenen verschieden sind, so weiß ich nichts von ihnen; auch haben sie mit dem Hauptpunkt unserer Auseinandersetzung nicht das geringste zu tun. Du magst in der Tat den Anspruch erheben, gewisse Qualitäten, die du nicht wahrnimmst, entdeckt zu haben, und du magst behaupten, daß diese nichtsinnlichen Qualitäten im Feuer und im Zucker existieren. Aber welchen Vorteil du dir gegenwärtig davon versprichst, ist mir schleierhaft. Sage mir also noch einmal, ob du anerkennst, daß Hitze und Kälte, Süße und Bitterkeit (ich meine die Qualitäten, die durch die Sinne wahrgenommen werden) nicht außerhalb des Geistes existieren?

Hylas Ich sehe, es ist zwecklos, länger Widerstand zu leisten, und ich gebe mich geschlagen, was die erwähnten Qualitäten angeht. Allerdings mache ich kein Hehl daraus, daß es seltsam klingt, wenn man sagt, Zucker sei nicht süß.

Philonous Vielleicht hilft es, dich zu überzeugen, wenn du bedenkst, daß dem kranken Gaumen bitter vorkommt, was sonst süß zu sein scheint. Auch steht außer Zweifel, daß verschiedene Personen in ein und derselben Speise ganz unterschiedliche Geschmacksqualitäten wahrnehmen, da doch den einen entzückt, was der andere verabscheut. Wie aber wäre das möglich, wenn der Geschmack etwas wäre, das der Speise realiter innewohnt?

Hylas Das kann ich mir in der Tat nicht erklären.

Philonous Als nächstes müssen wir die Gerüche untersuchen, und da wüßte ich gerne, ob das, was über die Geschmäcke gesagt worden ist, nicht gleichermaßen auf sie Anwendung findet? Sind sie nicht lauter angenehme oder unangenehme Empfindungen?

Hylas Das sind sie.

Philonous Kannst du es demnach für möglich halten, daß sie in einem nichtwahrnehmenden Ding existieren?

Hylas Nein.

Philonous Oder kannst du dir vorstellen, daß jene wilden Tiere, die Kot und Unrat als Nahrung suchen, daran dieselben Gerüche wahrnehmen wie wir?

Hylas Keineswegs.

Philonous Dürfen wir deshalb nicht von den Gerüchen dasselbe wie von den anderen vorher erwähnten Qualitäten annehmen, nämlich daß sie nur in einer wahrnehmenden Substanz oder einem Geist existieren können?

Hylas Ich denke schon.

Philonous Und wie steht es mit den Tönen? Sind sie Bestimmungen, die äußeren Körpern realiter zukommen oder nicht?

Hylas Daß sie den tönenden Körpern nicht inhärent sind, geht daraus hervor, daß der Schlag einer Glocke in einem luftleer gepumpten Rezipienten tonlos bleibt. Also muß die Luft als Träger des Tones angesehen werden.

Philonous Was wäre der Grund dafür, Hylas?

Hylas Wenn die Luft in Bewegung versetzt wird, nehmen wir einen Ton wahr, der proportional zur Luftbewegung stärker oder schwächer ist. Aber ohne irgendeine Luftbewegung hören wir überhaupt keinen Ton.

Philonous Selbst wenn man zugibt, daß wir nur dann einen Ton hören, wenn Bewegung in der Luft hervorgerufen wird, so vermag ich nicht einzusehen, wie du daraus schließen kannst, daß der Ton als solcher in der Luft ist.

Hylas Es ist eben diese Bewegung in der äußeren Luft, die im Geist die *Ton*empfindung erzeugt. Denn wenn sie auf das Trommelfell des Ohres trifft, versetzt sie dasselbe in Schwingung, die durch die Gehörsnerven dem Gehirn mitgeteilt wird; daraufhin entsteht in der Seele die Empfindung, die wir *Ton* nennen.

Philonous Wie denn, der Ton wäre demnach eine Empfindung?

Hylas Ich sage dir, so wie wir ihn wahrnehmen, ist er eine besondere Empfindung im Geist.

Philonous Und kann jemals eine Empfindung außerhalb des Geistes existieren?

Hylas Gewiß nicht.

Philonous Wie kann dann der Ton, der eine Empfindung ist, in der Luft existieren, wenn du mit *Luft* eine empfindungslose Substanz meinst, die außerhalb des Geistes existiert?

Hylas Du mußt, Philonous, zwischen dem Ton, wie er von uns wahrgenommen wird und wie er an sich selbst ist, unterscheiden, oder (was dasselbe ist) zwischen dem Ton, den wir unmittelbar wahrnehmen, und dem, der unabhängig von uns existiert. Jener ist in der Tat eine besondere Art von Empfindung, aber letzterer ist bloß eine Vibration oder wellenförmige Bewegung in der Luft.

Philonous Ich dachte, ich hätte schon früher, als diese Unterscheidung in einem ähnlichen Fall von dir getroffen wurde, gezeigt, daß sie grundlos ist. Aber wie auch immer – bist du sicher, daß Töne eigentlich nichts anderes als Bewegung sind?

Hylas Jawohl.

Philonous Jede Bestimmung des eigentlichen Tones darf also mit Fug und Recht der Bewegung zugeschrieben werden?

Hylas So ist es.

Philonous Dann kann man also mit Sinn von *Bewegung* als von einem Ding sprechen, das *laut*, *süß*, *scharf* oder *dumpf* ist?

Hylas Ich sehe, du bist entschlossen, mich nicht zu verstehen. Ist es denn nicht sonnenklar, daß diese Bestimmungen oder Modi nur dem sinnlich wahrnehmbaren Ton oder dem *Ton* in der gewöhnlichen Bedeutung des Wortes zukommen, nicht aber dem *Ton* im eigentlichen und philosophischen Sinne? Denn der ist, wie ich dir gerade erklärt habe, nichts anderes als eine bestimmte Luftbewegung.

Philonous Es scheint mithin zwei Arten von Tönen zu geben – Töne im gewöhnlichen Sinne oder wie wir sie hören, und eine philosophische und eigentliche Art.

Hylas So ist es.

Philonous Und letztere besteht in der Bewegung.

Hylas Wie ich dir soeben erklärt habe.

Philonous Sage mir, Hylas, zu welchem Sinn gehört deiner Meinung nach die Idee der Bewegung – zum Gehörssinn?

Hylas Gewiß nicht, sondern zum Gesichts- und zum Tastsinn.

Philonous Woraus doch wohl folgt, daß deiner Ansicht nach der eigentliche Ton möglicherweise *gesehen* oder *gefühlt*, aber nie und nimmer *gehört* werden kann.

Hylas Mein lieber Philonous, du magst meine Ansicht verspotten, wenn dir das Spaß macht; an der wahren Sachlage ändert sich dadurch nichts. Ich räume ein, daß die Schlußfolgerungen, in die du mich verstrickt hast, etwas seltsam klingen; aber die gewöhnliche Sprache ist, wie du weißt, vom Volk und für dessen Gebrauch gebildet. Wir dürfen uns daher nicht wundern, wenn ihre Ausdrücke, sobald sie für exakte philosophische Begriffe verwendet werden, absonderlich und unpassend erscheinen.

Philonous Ist es soweit gekommen? Sei versichert, ich rechne es mir als großen Erfolg an, daß du die Abweichung von gewöhnlichen Ausdrucksweisen und Meinungen derart auf die leichte Schulter nimmst; schließlich steht im Mittelpunkt unserer Untersuchung die Frage, wessen Begriffe von dem, was gang und gäbe ist, am weitesten entfernt sind und der gemeinen Menschenvernunft am entschiedensten widersprechen. Aber kannst du wirklich nur ein philosophisches Paradoxon in der Behauptung erblicken, daß die *eigentlichen Töne niemals gehört werden* und deren Idee durch irgendeinen anderen Sinn gewonnen wird. Liegt hierin denn nichts, was der Natur und Wahrheit der Dinge entgegengesetzt ist?

Hylas Ehrlich gesagt, es gefällt mir auch nicht. Und nach allem, was ich an Zugeständnissen bereits gemacht habe, kann ich getrost einräumen, daß auch Töne kein reales Dasein außerhalb des Geistes haben.

Philonous Das läßt mich hoffen, daß du dasselbe ohne weiteres auch für die Farben anerkennst.

Hylas Entschuldige, mit den Farben verhält es sich ganz anders. Ist es nicht die klarste Sache von der Welt, daß wir sie an den Gegenständen sehen?

Philonous Die Gegenstände, von denen du sprichst, sind, nehme ich an, körperliche Substanzen, die außerhalb des Geistes existieren.

Hylas Jawohl.

Philonous Und diese haben wahre und eigentliche, ihnen inhärente Farben?

Hylas Jeder sichtbare Gegenstand hat die Farbe, die wir an ihm sehen.

Philonous Wie denn! Gibt es etwas Sichtbares außer dem, was wir durch den Gesichtssinn wahrnehmen?

Hylas Nein, das gibt es nicht.

Philonous Und nehmen wir durch die Sinne etwas wahr, das wir nicht unmittelbar wahrnehmen?

Hylas Wie oft zwingst du mich, dasselbe zu wiederholen? Ich sage dir, nein.

Philonous Geduld, mein lieber Hylas. Erkläre mir noch einmal, ob irgend etwas unmittelbar durch die Sinne wahrgenommen wird außer sinnlichen Qualitäten. Ich weiß, du hast das in Abrede gestellt. Ich möchte mich nur vergewissern, daß du immer noch dieser Ansicht bist.

Hylas Allerdings.

Philonous Ist deine körperliche Substanz eine sinnliche Qualität oder besteht sie aus solchen?

Hylas Was für eine Frage! Wer hat das jemals angenommen?

Philonous Der Grund meiner Frage ist, daß du mit der Behauptung, *jeder sichtbare Gegenstand hat die Farbe, die wir an ihm sehen*, sichtbare Gegenstände zu körperlichen Substanzen machst. Das impliziert entweder, daß körperliche Substanzen sinnliche Qualitäten sind, oder aber, daß wir durch den Gesichtssinn etwas außer sinnlichen Qualitäten wahrnehmen. Da wir, was letzteres betrifft, schon früher Übereinstimmung erzielt haben und diese von dir nicht in Frage gestellt wird, so folgt klarerweise, daß deine körperliche Substanz nichts ist, was von sinnlichen Qualitäten verschieden wäre.

Hylas Du magst so viele absurde Folgerungen ziehen, wie du willst, und dich bestreben, die einfachsten Dinge zu verwirren;

du wirst mich durch deine Überredungskunst nicht um den Verstand bringen. Ich weiß genau, was ich meine.

Philonous Ich wünschte, du machtest es mir auch verständlich. Aber da du nicht gewillt bist, deinen Begriff von körperlicher Substanz einer Prüfung zu unterziehen, werde ich hierauf nicht weiter insistieren. Teile mir nur bitte mit, ob eben die Farben, die wir sehen, oder andere in äußeren Körpern existieren.

Hylas Eben dieselben.

Philonous Wie! Ist denn das schöne Rot und Purpur, das wir an den Wolken da drüben sehen, realiter in ihnen? Oder stellst du dir vor, sie hätten in sich irgendeine andere Beschaffenheit als die von dunklem Nebel oder Dunst?

Hylas Ich muß gestehen, Philonous, die Farben, die in dieser Entfernung erscheinen, sind nicht wirklich in den Wolken. Es sind nur scheinbare Farben.

Philonous *Scheinbar* nennst du sie? Wie sollen wir diese scheinbaren Farben von den wirklichen unterscheiden?

Hylas Sehr leicht. Diejenigen sind als scheinbare zu betrachten, die nur in einer gewissen Entfernung sichtbar sind, aber beim Näherkommen verschwinden.

Philonous Und die, nehme ich an, sollen als wirklich gelten, die bei genauester Inspektion aus nächster Nähe entdeckt werden.

Hylas Richtig.

Philonous Erfolgt die genaueste Inspektion aus nächster Nähe durchs Mikroskop oder mit bloßem Auge?

Hylas Zweifellos durchs Mikroskop.

Philonous Aber ein Mikroskop entdeckt an einem Gegenstand oft Farben, die sich von den mit bloßem Auge wahrgenommenen unterscheiden. Und angenommen, wir hätten Mikroskope, die bis zu jedem beliebigen Grade vergrößern, so würde gewiß nicht ein einziger durch sie betrachteter Gegenstand in derselben Farbe erscheinen, die er dem bloßen Auge zeigt.

Hylas Und was willst du aus alldem schließen? Du kannst nicht behaupten, es gebe eigentlich und von Natur an den Gegenständen keine Farben, weil sie durch künstliche Veranstaltungen verändert oder zum Verschwinden gebracht werden können.

Philonous Ich meine, aus deinen eigenen Zugeständnissen kann bündig geschlossen werden, daß all die Farben, die wir mit bloßem Auge sehen, bloß scheinbar sind wie die an den Wolken; denn sie verschwinden bei näherer und genauerer Betrachtung, wie sie uns durch das Mikroskop ermöglicht wird. Und was du weiter als Argument vorbringst – so frage ich dich, ob der eigentliche und natürliche Zustand eines Objekts eher durch einen sehr scharfen und durchdringenden Gesichtssinn entdeckt wird oder durch einen weniger scharfen?

Hylas Zweifellos durch ersteren.

Philonous Bestätigt nicht die *Dioptrik*, daß Mikroskope den Gesichtssinn durchdringender machen und die Gegenstände so darstellen, wie sie dem Auge erscheinen würden, wenn es von Natur mit äußerster Schärfe begabt wäre?

Hylas Allerdings.

Philonous Folglich muß angenommen werden, daß die mikroskopische Darstellung die eigentliche Natur des Gegenstandes oder was dieser an sich selbst ist, am besten zur Geltung bringt. Die dergestalt wahrgenommenen Farben sind also echter und realer als die auf andere Weise wahrgenommenen.

Hylas Ich gebe zu, was du sagst, hat einiges für sich.

Philonous Außerdem ist es nicht nur möglich, sondern eine offenkundige Tatsache, daß es Tiere gibt, deren Augen von Natur so gebaut sind, daß sie Dinge wahrnehmen, die sich infolge ihrer
6 Winzigkeit unserem Blick entziehen. Was hältst du von jenen unvorstellbar kleinen, nur durch Vergrößerungsgläser sichtbaren Tieren? Müssen wir annehmen, sie seien alle stockblind? Oder ist es, falls sie sehen, nicht vorstellbar, daß ihr Gesichtssinn ebenso dazu dient, ihren Körper vor Schaden zu bewahren, wie dies bei allen anderen Tieren der Fall ist? Und wenn dem so ist, leuchtet es dann nicht ein, daß sie Teilchen sehen müssen, die kleiner als ihr eigener Körper sind, so daß sie von jedem Gegenstand eine Anschauung gewinnen, die sich von derjenigen, die unseren Sinnen gegeben ist, grundlegend unterscheidet? Sogar unsere eigenen Augen stellen uns die Gegenstände
7 nicht immer in derselben Weise dar. Dem, der die *Gelbsucht* hat,

erscheinen bekanntlich alle Dinge gelb. Ist es daher nicht höchst wahrscheinlich, daß jene Tiere, bei denen wir einen ganz anders gearteten Bau des Auges feststellen und in deren Körpern ganz andere Säfte kreisen, keineswegs an jedem Gegenstand dieselben Farben sehen wie wir? Sollte man aus alledem nicht schließen dürfen, daß sämtliche Farben gleichermaßen bloß scheinbar sind und daß keine von denen, die wir wahrnehmen, einem äußeren Gegenstand realiter inhärent ist?

Hylas Vermutlich ja.

Philonous Die Sache wird allem Zweifel enthoben sein, wenn du bedenkst, daß Farben, wären sie reale, äußeren Körpern inhärente Eigenschaften oder Zustände, unmöglich einem Wandel unterliegen könnten, ohne daß in den Körpern selbst Veränderungen stattfänden. Aber geht aus dem Gesagten nicht eindeutig hervor, daß beim Gebrauch des Mikroskops, bei einer Veränderung der Flüssigkeit im Augeninneren, beim Wechsel der Entfernung die Farbe eines Gegenstandes variieren oder ganz verschwinden kann ohne irgendeine reale Veränderung in dem Dinge selbst? Damit nicht genug: Wenn alle sonstigen Umstände gleich bleiben und nur die Lage einiger Gegenstände sich ändert, so werden sie sich dem Auge andersfarbig darstellen. Dasselbe geschieht, wenn man einen Gegenstand bei wechselnder Lichtstärke betrachtet. Weiß denn nicht jeder, daß dieselben Körper bei Kerzenlicht anders gefärbt erscheinen als bei Tageslicht? Denk ferner an das Experiment mit dem Prisma, welches durch Trennung der verschiedenartigen Lichtstrahlen alle Gegenstandsfarben ändert und ein reines Weiß dem bloßen Auge als tiefes Blau oder Rot erscheinen läßt. Und nun sage mir, ob du noch immer der Meinung bist, daß jedem Körper seine wahre, reale Farbe inhärent ist. Und wenn du es glaubst, so verrate mir bitte, welche bestimmte Entfernung und Lage des Gegenstandes, welche besondere Beschaffenheit und Organisation des Auges, welcher Helligkeitsgrad und welche Art von Licht erforderlich sind, um diese wahre Farbe zu bestimmen und von den scheinbaren zu unterscheiden.

Hylas Ich erkläre mich völlig überzeugt, daß sie alle gleichermaßen bloß scheinbar sind und daß es so etwas wie Farben, die äußeren Körpern realiter inhärent sind, nicht gibt, daß sie vielmehr ganz und gar im Licht enthalten sind. Und was mich in dieser Meinung bestärkt, ist der Umstand, daß je nach den Lichtverhältnissen die Farben mehr oder weniger lebhaft sind; und wo das Licht fehlt, werden gar keine Farben wahrgenommen. Gesetzt im übrigen, es gäbe Farben an äußeren Gegenständen – wie sollte es uns möglich sein, sie wahrzunehmen? Denn kein äußerer Körper affiziert den Geist, wenn er nicht zuvor auf unsere Sinnesorgane einwirkt. Die einzige Wirkungsweise der Körper aber ist Bewegung; und Bewegung kann nur durch Impuls übertragen werden. Ein entfernter Gegenstand kann daher nicht auf das Auge wirken und somit auch nicht sich selbst oder seine Eigenschaften der Seele wahrnehmbar machen. Daraus folgt klarerweise, daß eine Substanz, die durch unmittelbaren Kontakt mit dem Auge auf dieses einwirkt, die Farbwahrnehmung hervorruft; und eine solche ist das Licht.

Philonous Wie! Ist denn das Licht eine Substanz?

Hylas Ich sage dir, Philonous, das äußere Licht ist nichts als eine feine flüssige Substanz, deren winzige Teilchen sich in lebhafter Bewegung befinden. Indem diese in mannigfacher Weise von den verschiedenen Oberflächen äußerer Gegenstände zum Auge hin reflektiert werden, teilen sie den Sehnerven verschiedene Bewegungen mit, die ins Gehirn weitergeleitet werden und dort vielerlei Eindrücke hervorrufen; diese wiederum werden von Rot-, Blau-, Gelbempfindungen etc. begleitet.

Philonous Das Licht scheint also nichts weiter zu tun als die Sehnerven zu reizen.

Hylas Nichts weiter.

Philonous Und infolge einer spezifischen Bewegung der Nerven entsteht im Geist eine Empfindung, die irgendeine besondere Farbe ist.

Hylas Richtig.

Philonous Und diese Empfindungen haben kein Dasein außerhalb des Geistes.

Hylas Nein.

Philonous Wie kannst du dann behaupten, daß die Farben im Licht seien, da du unter *Licht* eine körperliche Substanz außerhalb des Geistes verstehst?

Hylas Ich gebe zu, daß Licht und Farbe, wie sie unmittelbar von uns wahrgenommen werden, nicht außerhalb des Geistes existieren können. Aber an sich selbst sind sie nur Bewegungen und Anordnungen bestimmter nichtwahrnehmbarer Teilchen der Materie.

Philonous Farben also im gewöhnlichen Sinne oder als unmittelbare Gegenstände des Gesichtssinns aufgefaßt, können nur einer wahrnehmenden Substanz eigen sein.

Hylas Das eben sage ich.

Philonous Gut denn, da du hinsichtlich jener sinnlichen Qualitäten, die allein das sind, was alle Welt als Farben ansieht, von deinem Standpunkt abrückst, magst du über die unsichtbaren Farben der Philosophen denken, was du willst. Eine Auseinandersetzung hierüber ist nicht meine Sache. Du solltest dir freilich überlegen, ob es mit Rücksicht auf unsere gemeinsame Untersuchung klug für dich ist zu behaupten: *Nicht das Rot und Blau, das wir sehen, sind eigentliche Farben, sondern gewisse unbekannte Bewegungen und Gestalten, die kein Mensch je gesehen hat noch sehen kann, sind es in Wahrheit.* Sind das nicht anstößi- 18
ge Auffassungen, die zu eben den lächerlichen Konsequenzen führen, von denen du dich im Fall der Töne hast distanzieren müssen?

Hylas Ich bekenne frei, Philonous, daß es keinen Zweck hat, weiter Widerstand zu leisten. Farben, Töne, Geschmäcke, mit einem Wort alle sogenannten *sekundären Qualitäten* haben zweifelsfrei kein Dasein außerhalb des Geistes. Aber dieses Zugeständnis darf man mir nicht so auslegen, als würde ich die Realität der Materie oder äußerer Gegenstände im mindesten in Frage stellen; enthält es doch nicht mehr, als was einige Philosophen vertreten, denen gleichwohl nichts ferner liegt, als die Materie zu leugnen. Um das recht zu verstehen, mußt du wissen, daß die sinnlichen
Qualitäten von den Philosophen in *primäre* und *sekundäre* einge- 19

teilt werden. Die ersteren sind Ausdehnung, Gestalt, Festigkeit, Schwere, Bewegung und Ruhe. Und von diesen nehmen sie an, daß sie realiter in den Körpern existieren. Letztere sind die zuvor aufgezählten, oder kurz: alle sinnlichen Qualitäten mit Ausnahme der primären. Von diesen gilt ihrer Auffassung nach, daß sie nichts als Empfindungen oder Ideen sind, die nirgends außer im Geist existieren. Aber über all das bist du zweifellos im Bilde. Ich für mein Teil weiß seit langem, daß diese Ansicht unter Philosophen im Schwange ist; doch war ich von ihrer Wahrheit bis jetzt nicht restlos überzeugt.

Philonous Du bist also nach wie vor der Meinung, daß Ausdehnung und Gestalt äußeren ungeistigen Substanzen inhärent sind.

Hylas Das bin ich.

Philonous Wie aber, wenn dieselben Einwände, die gegen die sekundären Qualitäten erhoben wurden, auch jenen gegenüber stichhaltig sind?

Hylas Nun, dann wäre ich eben zu der Annahme gezwungen, daß auch sie nur im Geist existieren.

Philonous Bist du der Ansicht, daß genau dieselbe Gestalt und Ausdehnung, die du durch die Sinne wahrnimmst, auch im äußeren Gegenstand oder der materiellen Substanz existiert?

Hylas Ja sicher.

Philonous Haben alle anderen Lebewesen gleich gute Gründe, dasselbe von der Gestalt und Ausdehnung anzunehmen, die sie sehen und tasten?

Hylas Zweifellos, sofern sie überhaupt des Denkens fähig sind.

Philonous Sage mir, Hylas, glaubst du, daß alle Lebewesen um ihrer Erhaltung und ihres Wohlbefindens willen mit Sinnen ausgestattet sind, oder ist es allein der Mensch?

Hylas Für mich steht fest, daß sie bei allen Lebewesen diesem Zweck dienen.

Philonous Ist es dann nicht notwendig, daß sie durch ihre Sinne ihre eigenen Gliedmaßen und solche Körper wahrzunehmen vermögen, die ihnen schaden können?

Hylas Sicherlich.

Philonous Von einer Milbe muß demnach angenommen werden, 20 daß sie ihren Fuß und ebenso kleine oder noch kleinere Dinge als Körper von beträchtlicher Ausdehnung sieht, obschon sie gleichzeitig dir als kaum unterscheidbar oder als gerade noch sichtbare Punkte erscheinen.

Hylas Das kann ich nicht bestreiten.

Philonous Und kleineren Geschöpfen als der Milbe werden sie noch größer vorkommen?

Hylas Gewiß doch.

Philonous So daß, was für dich kaum unterscheidbar ist, einem ganz winzigen Lebewesen als riesiger Berg erscheinen wird?

Hylas All das gebe ich zu.

Philonous Kann ein und dasselbe Ding an sich selbst betrachtet zur selben Zeit verschieden groß sein?

Hylas Das wäre eine absurde Vorstellung.

Philonous Aber aus deinen Voraussetzungen folgt, daß eine jede Ausdehnung, mag sie von dir oder von der Milbe oder von noch kleineren Tieren wahrgenommen werden, die eigentliche Ausdehnung des Milbenfußes ist; das heißt, deine eigenen Grundsätze haben dich zu absurden Konsequenzen geführt.

Hylas Die Sache scheint nicht ganz einfach zu sein.

Philonous Hast du nicht überdies anerkannt, daß keine reale, inhärente Eigenschaft eines Gegenstandes eine Änderung erfahren kann, ohne daß in dem Ding selbst eine Änderung stattfindet?

Hylas Das habe ich.

Philonous Wenn wir uns einem Gegenstand nähern oder uns von ihm entfernen, so wechselt seine sichtbare Ausdehnung; bei der einen Entfernung ist sie zehn- oder hundertmal so groß wie bei der anderen. Folgt hieraus nicht ebenfalls, daß sie dem Gegenstand nicht realiter inhärent ist?

Hylas Ich muß gestehen, ich weiß nicht, was ich dazu sagen soll.

Philonous Dein Urteil wird bald feststehen, wenn du diese Qualitäten ebenso unvoreingenommen zu betrachten wagst, wie du es bei den übrigen getan hast. Galt es dir nicht als starkes

Argument, daß weder Hitze noch Kälte dem Wasser innewohnen, weil es der einen Hand warm, der anderen kalt erscheint?

Hylas Allerdings.

Philonous Ist die Beweisführung nicht genau dieselbe, wenn man schließt, weder Ausdehnung noch Gestalt sei in einem Gegenstand, weil er dem einen Auge klein, glatt und rund, dem anderen gleichzeitig groß, uneben und eckig erscheint?

Hylas Dieselbe. Aber kommt letzteres denn überhaupt vor?

Philonous Du kannst jederzeit die Probe machen, indem du mit einem bloßen Auge siehst und mit dem anderen durch ein Mikroskop blickst.

Hylas Ich weiß nicht, wie ich an der *Ausdehnung* festhalten kann, und doch widerstrebt es mir, sie preiszugeben. Das Zugeständnis hätte, scheint mir, zu viele seltsame Konsequenzen.

Philonous Seltsame, sagst du? Nach den Zugeständnissen, die du bereits gemacht hast, wirst du hoffentlich an nichts wegen seiner Seltsamkeit Anstoß nehmen. [Aber müßte es andererseits nicht sehr seltsam scheinen, wenn Folgerungen, die für alle anderen sinnlichen Qualitäten Gültigkeit besitzen, sich nicht auch auf die Ausdehnung beziehen würden? Wenn anerkannt ist, daß keine Idee oder etwas einer Idee Ähnliches in einer nichtwahrnehmenden Substanz existieren kann, so folgt daraus ganz gewiß, daß keine Gestalt oder sonst ein Modus der Ausdehnung, die wir entweder wahrzunehmen oder qua Einbildungskraft zu erfassen vermögen oder von der wir überhaupt eine Idee haben können, der Materie realiter inhärent sein kann – nicht zu reden von der besonderen Schwierigkeit, den Begriff einer materiellen Sub-
1 stanz zu bilden, welche als *Substrat* der Ausdehnung dieser vorausgehen und von ihr verschieden sein soll. Die sinnliche Qualität sei, welche sie wolle: Gestalt, Ton oder Farbe – es scheint in allen Fällen gleich unmöglich zu sein, daß sie in etwas, das sie
2 nicht wahrnimmt, besteht.]

Hylas Für den Moment gebe ich in dieser Frage nach, behalte mir aber das Recht vor, meine Meinung zu ändern, falls ich später einen falschen Schritt auf dem Wege zu ihr entdecken sollte.

Philonous Dieses Recht kann dir nicht bestritten werden. Nachdem wir Gestalt und Ausdehnung behandelt haben, kommen wir nun zur *Bewegung*. Kann eine reale Bewegung in einem äußeren Körper zugleich sehr schnell und sehr langsam sein?

Hylas Unmöglich.

Philonous Steht nicht die Geschwindigkeit eines Körpers im umgekehrten Verhältnis zu der Zeit, in der er einen gegebenen Raum durchläuft? So bewegt sich ein Körper, der eine Meile in einer Stunde zurücklegt, dreimal so schnell, wie wenn er für eine Meile drei Stunden benötigte.

Hylas Ganz recht.

Philonous Und mißt man nicht die Zeit nach der Folge der Ideen 2
in unserem Geist?

Hylas Allerdings.

Philonous Ist es nun nicht möglich, daß die Ideen in deinem Geist doppelt so schnell aufeinander folgen wie in meinem oder in dem eines Seelenwesens anderer Art.

Hylas Zugegeben.

Philonous Folglich kann es einem anderen Geist so vorkommen, als durchlaufe derselbe Körper einen bestimmten Raum in der Hälfte der Zeit, die er für dich benötigt. Und dieselbe Beweisführung gilt auch für jedes andere Verhältnis; das heißt: nach deinen Grundsätzen (da beide wahrgenommenen Bewegungen realiter in dem Gegenstand sind) wäre es möglich, daß derselbe Körper auf derselben Strecke sich realiter sehr schnell und zugleich sehr langsam bewegt. Wie verträgt sich das mit dem gesunden Menschenverstand oder mit dem, was du eben selbst zugegeben hast?

Hylas Hierauf weiß ich nichts zu erwidern.

Philonous Kommen wir nun zur *Festigkeit*. Entweder das Wort 2
bezeichnet für dich überhaupt keine Sinnesqualität; dann hat die Sache nichts mit unserer Untersuchung zu tun. Oder es kann nur Härte oder Widerstand damit gemeint sein. Aber das eine wie das andere ist ganz offenkundig relativ zu unseren Sinnen. Denn klarerweise erscheint dem einen Lebewesen hart, was dem anderen, das stärker ist und festere Gliedmaßen hat, weich vor-

kommen mag. Und nicht weniger offensichtlich ist, daß der Widerstand, den ich empfinde, nicht in dem Körper vorhanden ist.

Hylas Ich räume ein, daß die Widerstandsempfindung, die allein das ist, was du unmittelbar wahrnimmst, nicht in dem *Körper* ist; aber die Ursache dieser Empfindung ist es.

Philonous Aber die Ursachen unserer Empfindungen werden nicht unmittelbar wahrgenommen und sind daher keine Sinnendinge. Diese Frage, dächte ich, hätten wir bereits geklärt.

Hylas Ich gebe das zu. Aber bitte verzeih mir, wenn ich etwas verwirrt erscheine. Ich weiß nicht, wie ich mich von meinen alten Ansichten lösen soll.

Philonous Um das zu erreichen, überlege nur Folgendes: Sobald anerkannt ist, daß Ausdehnung nicht außerhalb des Geistes existiert, muß dasselbe notwendig auch für Bewegung, Festigkeit und Schwere akzeptiert werden, da sie alle klarerweise Ausdehnung voraussetzen. Eine gesonderte Untersuchung jeder dieser Bestimmungen ist daher unnötig. Indem du der Ausdehnung die Realexistenz absprichst, sprichst du sie ihnen allen ab.

Hylas Wenn das, was du sagst, wahr ist, Philonous, dann frage ich mich, warum jene Philosophen, die den sekundären Qualitäten die Realexistenz absprechen, sie den primären gleichwohl zugestehen. Wie soll man sich das erklären, wenn kein Unterschied zwischen ihnen besteht?

Philonous Es ist nicht meine Aufgabe, für jede Ansicht der Philosophen eine Erklärung zu geben. Aber zu den Gründen, die hier angeführt werden können, dürfte der Umstand gehören, daß Lust und Unlust eher mit ersteren als mit letzteren verbunden sind. Hitze und Kälte, Geschmäcke und Gerüche rufen in viel stärkerem Maße Begehren und Abneigung hervor, als die Ideen der Ausdehnung, Gestalt und Bewegung dies zu tun vermögen. Und da die Annahme allzu offenkundig absurd ist, Unlust oder Lust könnten in einer nichtwahrnehmenden Substanz existieren, so entschlägt sich der Mensch leichter des Glaubens an das äußere Dasein der sekundären als an das der primären Qualitäten. Du wirst sehen, daß es damit seine Richtigkeit hat, wenn du dich an den Unterschied erinnerst, den du zwischen einem starken und einem mäßigen Hitzegrad gemacht hast; dem einen hast du ein reales Sein zugebilligt, im Falle des anderen hast du es bestritten. Aber genau besehen gibt es keinen vernünftigen Grund für diese Unterscheidung; denn fraglos ist eine gleichgültige Empfindung ebenso wahrhaft eine *Empfindung* wie eine angenehmere oder weniger angenehme; und folglich sollte überhaupt von keiner angenommen werden, daß sie in einem nichtdenkenden Etwas existiere.

Hylas Da fällt mir gerade ein, Philonous, daß ich irgendwo von 26
einer Unterscheidung zwischen absoluter und sinnlicher Ausdehnung gehört habe. Man mag immerhin zugeben, daß *groß* und *klein*, die ausschließlich in der Beziehung anderer ausgedehnter Wesen zu den Teilen unseres Körpers bestehen, keine realen, den Substanzen selbst zukommenden Bestimmungen sind; aber nichts zwingt uns, dasselbe mit Bezug auf *absolute Ausdehnung* anzunehmen, die etwas von *groß* und *klein*, von dieser oder jener einzelnen Größe oder Gestalt Abstrahiertes ist. Dasselbe gilt von der Bewegung; *schnell* und *langsam* sind ganz und gar relativ zur Aufeinanderfolge der Ideen in unserem eigenen Geist. Weil aber diese Spielarten der Bewegung nicht außerhalb des Geistes existieren, so folgt daraus doch nicht, daß es sich mit der absoluten, von ihnen abstrahierten Bewegung ebenso verhält.

Philonous Bitte sage mir, wodurch unterscheiden sich verschiedene Bewegungen oder Teile der Ausdehnung voneinander? Ist es nicht etwas Sinnliches wie ein gewisser Grad der Schnelligkeit oder Langsamkeit, eine bestimmte, jedem eigentümliche Größe oder Gestalt?

Hylas Ich glaube, ja.

Philonous Werden Bewegung und Ausdehnung aller sinnlichen Qualitäten beraubt, so sind sie bar aller »spezifischen und numerischen Differenzen«, wie es in der Sprache der Schulphilosophie heißt.

Hylas So ist es.

Philonous Das heißt, sie sind Ausdehnung im allgemeinen und Bewegung im allgemeinen.

Hylas Mag sein.

Philonous Aber es ist ein allgemein anerkannter Grundsatz, daß
27 *alle existierenden Dinge Einzeldinge sind.* Wie kann dann Bewegung im allgemeinen oder Ausdehnung im allgemeinen in einer körperlichen Substanz existieren?

Hylas Ich brauche etwas Zeit, um mit dieser Schwierigkeit fertig zu werden.

Philonous Mir scheint, das Problem läßt sich im Handumdrehen lösen. Ganz gewiß kannst du mir sagen, ob du diese oder jene Idee zu bilden imstande bist. Ich bin daher willens, in dieser Streitfrage alles auf eine Karte zu setzen. Wenn du in Gedanken eine deutliche abstrakte Idee von Bewegung oder Ausdehnung bilden kannst, die aller jener sinnlichen Modi wie schnell und langsam, groß und klein, rund und eckig und dergleichen, die anerkanntermaßen nur im Geist existieren, entkleidet ist – dann gebe ich mich geschlagen. Kannst du es aber nicht, so ist es unvernünftig von dir, auf etwas zu beharren, wovon du keinen Begriff hast.

Hylas Offen gestanden, ich kann es nicht.

Philonous Und du kannst die Ideen der Ausdehnung und Bewegung doch nicht einmal von den Ideen all jener Qualitäten trennen, die nach dem Sprachgebrauch derer, die diese Unterscheidung eingeführt haben, *sekundäre* heißen.

Hylas Wie? Ist es nicht ein leichtes, Ausdehnung und Bewegung an sich selbst zu betrachten, abstrahiert von allen anderen sinnlichen Qualitäten? Wie behandeln denn die Mathematiker dieselben?

Philonous Ich erkenne an, Hylas, daß es nicht schwer ist, allgemeine Sätze und Schlüsse mit Bezug auf jene Qualitäten zu formulieren, ohne irgendwelche anderen zu erwähnen, und sie in diesem Sinne abstrahiert zu betrachten oder zu behandeln. Aber weil ich das Wort *Bewegung* für sich aussprechen kann, folgt daraus denn, daß ich in meinem Geist die Idee der Bewegung ohne jeden Körper bilden kann? Oder weil Lehrsätze über Ausdehnung und Gestalten aufgestellt werden können, ohne *Größe* oder *Kleinheit* oder sonst einen sinnlichen Modus oder eine derartige Qualität zu erwähnen – ist es darum möglich, eine abstrakte

Idee der Ausdehnung ohne bestimmtes Maß, ohne bestimmte Gestalt oder Sinnesqualität deutlich zu bilden und im Geist zu erfassen? Mathematiker behandeln Quantität, ohne die anderen sinnlichen Qualitäten, die mit ihr verbunden sind, in Betracht zu ziehen; diese sind für ihre Beweisführungen eben ganz gleich- 28
gültig. Aber wenn sie von den Wörtern absehen und die Ideen selbst betrachten, dann zeigt sich, denke ich, daß es keineswegs die reinen abstrakten Ideen der Ausdehnung sind.

Hylas Aber was hältst du vom *reinen Denken*? Können nicht abstrakte Ideen durch dieses Vermögen gebildet werden?

Philonous Da ich mich außerstande sehe, überhaupt abstrakte Ideen zu bilden, leuchtet ein, daß ich es auch mit Hilfe des *reinen Denkens* nicht kann, was für ein Vermögen du dir unter dieser Bezeichnung auch vorstellen magst. Im übrigen, ohne das Wesen des reinen Denkens und seiner spirituellen Gegenstände wie *Tugend*, *Vernunft*, *Gott* und dergleichen hier untersuchen zu wollen – soviel scheint sonnenklar: Sinnendinge können nur durch die Sinne wahrgenommen oder durch die Einbildungskraft vorgestellt werden. Gestalten und Ausdehnung also, ursprünglich durch die Sinne wahrgenommen, gehören dem reinen Denken nicht an. Doch um völlig überzeugt zu sein, mach bitte den Versuch, die Idee irgendeiner Gestalt zu bilden, abstrahiert von allen besonderen Größenverhältnissen, ja selbst von anderen sinnlichen Qualitäten.

Hylas Laß mich ein wenig nachdenken – ich glaube nicht, daß ich es kann.

Philonous Und hältst du es denn für möglich, daß dasjenige in der Natur realiter existiert, dessen Begriff einen Widerspruch einschließt?

Hylas Keineswegs.

Philonous Da es mithin selbst für den Geist unmöglich ist, die Ideen der Ausdehnung und Bewegung von allen anderen sinnlichen Qualitäten zu trennen, folgt daraus nicht, daß, wo die eine existiert, die andere notwendigerweise ebenfalls existiert?

Hylas Das sollte man meinen.

Philonous Daher erweisen sich genau dieselben Argumente, die du als schlüssig im Hinblick auf die sekundären Qualitäten anerkannt hast, ohne weiteres auch gegenüber den primären als stichhaltig. Ist außerdem nicht sonnenklar (sofern du dich auf das Zeugnis deiner Sinne verläßt), daß alle sinnlichen Qualitäten koexistieren oder den Sinnen als am selben Ort befindlich erscheinen? Zeigen diese jemals eine Bewegung oder Gestalt, bar aller anderen sichtbaren und tastbaren Qualitäten?

Hylas Dazu brauchst du nichts weiter zu sagen. Wenn sich in unsere bisherigen Überlegungen kein Irrtum oder Versehen eingeschlichen hat, gebe ich offen zu, daß allen sinnlichen Qualitäten gleichermaßen ein Dasein außerhalb des Geistes abgesprochen werden muß. Ich fürchte allerdings, daß ich bei meinen früheren Zugeständnissen zu weit gegangen bin oder den einen oder andern Trugschluß übersehen habe. Kurz, ich habe mir nicht genug Zeit zum Nachdenken genommen.

Philonous Du solltest dir soviel Zeit nehmen, wie du willst, um unsere Untersuchung Schritt für Schritt zu überprüfen. Es steht dir frei, jeden Lapsus, der dir unterlaufen sein könnte, zu korrigieren oder nachträglich etwas zur Debatte zu stellen, was dir beim raschen Urteilen entgangen sein mag.

Hylas Ein schweres Versehen scheint mir zu sein, daß ich nicht hinreichend zwischen *Gegenstand* und *Empfindung* unterschieden habe. Mag auch letztere nicht außerhalb des Geistes existieren, so folgt daraus doch nicht, daß es auch für jenen unmöglich ist.

Philonous Welchen Gegenstand meinst du? Den Gegenstand der Sinne?

Hylas Eben den.

Philonous Dieser wird sonach unmittelbar wahrgenommen.

Hylas Gewiß.

Philonous Erkläre mir den Unterschied zwischen etwas unmittelbar Wahrgenommenem und einer Empfindung.

Hylas Die Empfindung fasse ich als Akt des wahrnehmenden Geistes auf; außerdem gibt es etwas Wahrgenommenes, und das nenne ich den *Gegenstand.* Zum Beispiel ist Rot und Gelb an dieser Tulpe. Aber der Akt des Wahrnehmens dieser Farben ist nur in mir und nicht in der Tulpe.

Philonous Von welcher Tulpe sprichst du? Von der, die du siehst?

Hylas Derselben.

Philonous Und was siehst du außer Farbe, Gestalt und Ausdehnung?

Hylas Nichts.

Philonous Du möchtest also sagen, daß Rot und Gelb mit Ausdehnung koexistieren, nicht wahr?

Hylas Das ist nicht alles. Ich möchte sagen, sie haben ein reales Dasein außerhalb des Geistes in irgendeiner nichtdenkenden Substanz.

Philonous Daß die Farben wirklich in der Tulpe sind, die ich sehe, ist offenkundig. Auch kann nicht bestritten werden, daß diese Tulpe unabhängig von deinem oder meinem Geist existieren kann. Aber daß ein unmittelbarer Gegenstand der Sinne, 2
d. h. eine Idee oder Verbindung von Ideen in einer nichtdenkenden Substanz oder außerhalb jedweden Geistes existieren sollte, ist in sich evident widersprüchlich. Auch ist mir schleierhaft, wie das aus dem folgen soll, was du soeben gesagt hast, daß nämlich Rot und Gelb an der Tulpe sind, *die du siehst*, da du doch gewiß nicht behaupten möchtest, diese nichtdenkende Substanz zu *sehen*.

Hylas Du verstehst es meisterhaft, unsere Untersuchung vom Thema abzulenken.

Philonous Ich sehe, du hast keine Lust, dich hier in die Enge treiben zu lassen. Darum zurück zu deiner Unterscheidung zwischen *Empfindung* und *Gegenstand*. Wenn ich dich recht verstehe, unterscheidest du in jeder Wahrnehmung zweierlei – das eine ist eine Tätigkeit des Geistes, das andere nicht. 3

Hylas Richtig.

Philonous Und diese Tätigkeit kann nicht in einem nichtdenkenden Ding existieren oder zu einem solchen gehören; aber was sonst noch in einer Wahrnehmung enthalten ist, kann es.

Hylas So meine ich es.

Philonous Wenn es also eine Wahrnehmung ohne jede Tätigkeit des Geistes gäbe, so könnte solch eine Wahrnehmung in einer nichtdenkenden Substanz existieren.

Hylas Zugegeben. Aber es ist unmöglich, daß es solch eine Wahrnehmung gibt.

Philonous Wann nennt man den Geist tätig?

Hylas Wenn er etwas hervorbringt, vernichtet oder verändert.

Philonous Kann der Geist ohne einen Willensakt etwas hervorbringen, unterbrechen oder verändern?

Hylas Nein.

Philonous Der Geist ist also in seinen Wahrnehmungen als tätig anzusehen, insoweit diese einen Willensakt einschließen.

Hylas Jawohl.

Philonous Wenn ich diese Blume pflücke, bin ich tätig, weil ich es durch die Bewegung meiner Hand tue, die aus meinem Willensakt hervorgeht; genauso, wenn ich sie an meine Nase führe. Aber ist das eine wie das andere Riechen?

Hylas Nein.

Philonous Tätig bin ich ferner, wenn ich die Luft durch die Nase ziehe; denn daß ich so und nicht anders atme, ist die Wirkung meines Willens. Aber auch das kann man nicht als *Riechen* bezeichnen; denn sonst müßte ich jedesmal riechen, wenn ich in dieser Weise atme.

Hylas Das stimmt.

Philonous Riechen ist also etwas, das auf dies alles folgt.

Hylas Ja.

Philonous Aber weiter finde ich meinen Willen nicht beteiligt. Was sonst noch dabei vorgeht – daß ich diesen besonderen Geruch oder überhaupt einen Geruch wahrnehme –, hängt nicht von meinem Willen ab, und darin bin ich ganz und gar passiv. Geht bei dir etwas anderes vor, Hylas?

Hylas Nein, genau dasselbe.

Philonous Und beim Sehen – steht es nicht in deiner Macht, die Augen zu öffnen oder geschlossen zu halten, sie hierhin oder dorthin zu wenden?

Hylas Zweifellos.

Philonous Aber hängt es in gleicher Weise von deinem Willen ab, daß du beim Betrachten dieser Blume *Weiß* wahrnimmst und nicht irgendeine andere Farbe? Oder kannst du es vermeiden, die Sonne zu sehen, wenn du die geöffneten Augen nach jenem Teil des Himmels dort richtest? Oder sind Licht und Dunkelheit Wirkungen deines Willens? 31

Hylas Gewiß nicht.

Philonous Du bist also in dieser Hinsicht ganz und gar passiv.

Hylas Das bin ich.

Philonous Sag mir nun, ob *Sehen* im Wahrnehmen von Licht und Farben oder im Öffnen und Wenden der Augen besteht?

Hylas Zweifellos in ersterem.

Philonous Da du mithin in der Wahrnehmung von Licht und Farben gänzlich passiv bist, was hat es dann mit jener Tätigkeit auf sich, von der du sagst, sie sei ein Bestandteil jeder Empfindung? Und folgt nicht aus dem, was du selbst eingeräumt hast, daß die Wahrnehmung von Licht und Farben, da sie keine Tätigkeit in sich schließt, in einer nichtwahrnehmenden Substanz existieren kann? Und ist das nicht ein offenkundiger Widerspruch?

Hylas Ich weiß nicht, was ich davon halten soll.

Philonous Außerdem, da du in jeder Wahrnehmung etwas *Aktives* und etwas *Passives* unterscheidest, mußt du es auch in der Wahrnehmung der Unlust tun. Wie aber soll Unlust, mag sie auch noch so wenig tätig sein, in einer nichtwahrnehmenden Substanz existieren können? Kurz, denke nur darüber nach und dann sage mir aufrichtig, ob Licht und Farben, Geschmäcke, Töne etc. nicht alle gleichermaßen Gemütsbewegungen oder Empfindungen in der Seele sind. Du magst sie allerdings *äußere Gegenstände* nennen und ihnen in Worten jede Daseinsart zusprechen, die dir beliebt. Aber prüfe aufmerksam deine eigenen Gedanken, und dann teile mir mit, ob es sich nicht so verhält, wie ich sage.

Hylas Ich gebe zu, Philonous, daß ich bei unvoreingenommener Betrachtung der Vorgänge in meinem Geist nichts weiter entdecken kann, als daß ich ein geistiges Wesen bin, dem mannigfache Empfindungen gegeben sind; auch läßt sich unmöglich begreifen, wie eine Empfindung in einer nichtwahrnehmenden Substanz existieren sollte. Wenn ich aber die Sinnendinge unter einem anderen Blickwinkel betrachte und sie als Mengen von Modi und Qualitäten auffasse, so erscheint es mir notwendig, ein materielles *Substrat* vorauszusetzen, ohne das ihre Existenz nicht begriffen werden kann.

Philonous *Materielles Substrat* nennst du es? Bitteschön, durch welchen deiner Sinne hast du dieses Etwas kennengelernt?

Hylas Es ist selbst nicht sinnlich wahrnehmbar; nur seine Modi und Qualitäten werden durch die Sinne wahrgenommen.

Philonous Dann nehme ich an, daß du die Idee davon durch Vernunftüberlegungen gewonnen hast.

Hylas Ich erhebe nicht den Anspruch, eine im eigentlichen Sinne positive Idee davon zu besitzen. Dennoch schließe ich, daß es existiert, weil Qualitäten ohne etwas, das sie trägt, nicht als existierend begriffen werden können.

Philonous Du scheinst demnach nur einen relativen Begriff von jenem Etwas zu haben oder es ausschließlich durch seine Beziehung zu sinnlichen Qualitäten begreifen zu können.

Hylas Richtig.

Philonous Dann erkläre mir bitte, worin diese Beziehung besteht.

Hylas Wird sie nicht hinreichend durch den Ausdruck *Substrat* oder *Substanz* bestimmt?

Philonous Wenn dem so wäre, müßte zum Sinn des Wortes *Substrat* gehören, daß das, was es bezeichnet, den sinnlichen Qualitäten oder Akzidenzien zur Unterlage dient.

Hylas So ist es.

Philonous Folglich auch der Ausdehnung.

Hylas Gewiß doch.

Philonous Es ist also etwas, das seinem Wesen nach von der Ausdehnung gänzlich verschieden ist.

Hylas Ich sage ja, Ausdehnung ist nur ein Modus, und Materie ist etwas, das die Modi trägt. Und es versteht sich doch wohl von selbst, daß das, was getragen wird, verschieden ist von dem, was trägt?

Philonous So daß also etwas von Ausdehnung Verschiedenes und sie Ausschließendes als *Substrat* der Ausdehnung angenommen werden muß.

Hylas Ganz recht.

Philonous Antworte mir, Hylas: Kann etwas Unausgedehntes als Unterlage dienen? Oder ist nicht die Idee der Ausdehnung im Begriff *Unterlage* notwendigerweise eingeschlossen?

Hylas So ist es.

Philonous Was auch immer deiner Ansicht nach einem Ding als Unterlage dient, es muß selber Ausdehnung haben, verschieden von der Ausdehnung des Dinges, dessen Unterlage es ist.

Hylas Unbedingt.

Philonous Folglich muß jede körperliche Substanz als *Substrat* von Ausdehnung in sich selbst eine andere Ausdehnung besitzen, der sie ihre Bestimmung als *Substrat* verdankt, und so fort ins Unendliche. Ich frage dich, ob das nicht per se eine absurde Vorstellung ist, die überdies dem zuwiderläuft, was du soeben eingeräumt hast, daß nämlich das *Substrat* etwas von Ausdehnung Verschiedenes und sie Ausschließendes ist.

Hylas Oh bitte, Philonous, du verstehst mich falsch. Ich meine nicht, daß Materie im buchstäblichen Sinne der Ausdehnung als *Unterlage* dient. Das Wort *substratum* wird lediglich so gebraucht, daß es ungefähr dasselbe besagt wie *Substanz*.

Philonous Nun, so laß uns die Beziehung untersuchen, die der Ausdruck *Substanz* impliziert. Ist es nicht die Beziehung des Stehens-unter-den-Akzidenzien?

Hylas Genau diese.

Philonous Aber muß nicht ausgedehnt sein, was unter einem Ding stehen oder ihm Halt und Stütze geben soll?

Hylas Das muß es.

Philonous Ist also diese Voraussetzung nicht ebenso widersinnig wie die frühere?

Hylas Du nimmst immer noch alles streng wörtlich; das ist nicht fair, Philonous.

Philonous Ich habe nicht die Absicht, deinen Worten irgendeinen Sinn zu oktroyieren. Du magst sie erklären, wie du willst. Nur darum bitte ich dich inständig: laß mich überhaupt etwas darunter verstehen. Du sagst, die Materie gebe den Akzidenzien Halt und Stütze oder stehe unter ihnen. Tut sie das so, wie die Beine deinen Körper tragen?

Hylas Nein, das wäre die wörtliche Bedeutung.

Philonous Dann nenne mir bitte irgendeine Bedeutung, wörtlich oder nicht, die der Ausdruck für dich hat. ---- Wie lange soll ich noch auf Antwort warten, Hylas?

Hylas Ich bekenne, ich bin um eine Antwort verlegen. Früher dachte ich, ich verstünde durchaus, was es heißt, wenn von der Materie gesagt wird, sie trage die Akzidenzien. Je mehr ich aber jetzt darüber nachdenken, um so unbegreiflicher wird mir die Sache; kurz: ich sehe, daß ich gar nichts davon weiß.

Philonous Es scheint demnach, daß du überhaupt keine Idee der Materie hast, weder eine relative noch eine positiv bestimmte. Du weißt weder, was sie an sich selbst ist, noch in welcher Beziehung sie zu den Akzidenzien steht.

Hylas Ich räume es ein.

Philonous Und doch hast du behauptet, du könntest dir nicht vorstellen, wie Qualitäten oder Akzidenzien realiter existieren sollten, ohne daß du dir zugleich einen materiellen Träger für sie vorstellst.

Hylas Das habe ich.

Philonous Das heißt: Wenn du dir die Realexistenz von Qualitäten vorstellst, so stellst du dir zugleich etwas vor, das du dir nicht vorstellen kannst.

Hylas Ich gebe zu, ich habe mich geirrt. Trotzdem werde ich das ungute Gefühl nicht los, daß irgendwo ein Trugschluß verborgen liegt. Sag mir, was hältst du von folgendem: Gerade eben ist mir eingefallen, alle unsere Irrtümer könnten darauf beruhen, daß du jede Qualität für sich behandelst. Ich erkenne an, daß eine Qualität nicht als einzelne außerhalb des Geistes existieren kann. Farbe kann nicht ohne Ausdehnung, Gestalt nicht ohne irgendeine andere Sinnesqualität existieren. Da aber die verschiedenen Qualitäten miteinander verbunden oder verschmolzen vollständige Sinnendinge bilden, steht nichts der Annahme im Wege, solche Dinge könnten außerhalb des Geistes existieren.

Philonous Entweder du scherzt, Hylas, oder du hast ein sehr schlechtes Gedächtnis. Obwohl wir die Qualitäten der Reihe nach einzeln erörtert haben, so wurde doch durch meine Argumente oder vielmehr durch deine Zugeständnisse keineswegs bewiesen, daß die sekundären Qualitäten nicht jede für sich allein existieren können; gezeigt wurde vielmehr, daß sie *schlechthin* kein Bestehen außerhalb des Geistes haben. Bei der Behandlung von Gestalt und Bewegung haben wir allerdings geschlossen, daß sie nicht außerhalb des Geistes existieren können, weil es unmöglich ist, sie auch nur in Gedanken von allen sekundären Qualitäten zu trennen und als für sich existierend vorzustellen. Doch war das nicht das einzige bei dieser Gelegenheit vorgebrachte Argument. Aber lassen wir alles bisher Gesagte auf sich beruhen und achten es, wenn du möchtest, für nichts. Ich bin bereit, die ganze Kontroverse auf folgenden Punkt zuzuspitzen: Wenn du es auch nur als möglich denken kannst, daß irgendeine Mischung oder Verbindung von Qualitäten oder ein beliebiges Sinnending außerhalb des Geistes existiert, so will ich zugestehen, daß es sich tatsächlich so verhält.

Hylas Wenn das der springende Punkt ist, wird die Sache bald entschieden sein. Was wäre einfacher, als sich einen Baum oder ein Haus vorzustellen, wie sie unabhängig und nicht wahrgenommen von irgendeinem Geist für sich existieren? Ich stelle mir beides eben jetzt als dergestalt existierend vor.

Philonous Aber sag, Hylas, kannst du etwas sehen, das zugleich nicht gesehen wird?

Hylas Nein, das wäre ein Widerspruch.

Philonous Ist es nicht genauso widersprüchlich zu sagen, etwas werde *vorgestellt*, das nicht *vorgestellt* wird?

Hylas Gewiß.

Philonous Also wird der Baum oder das Haus, woran du denkst, von dir vorgestellt.

Hylas Wie könnte es anders sein?

Philonous Und was vorgestellt wird, ist doch gewiß im Geist.

Hylas Keine Frage, was vorgestellt wird, ist im Geist.

Philonous Wie konntest du dann sagen, du würdest dir ein Haus oder einen Baum vorstellen, wie sie unabhängig von allen Geistern und außerhalb ihrer existieren?

Hylas Ich gebe zu, das war ein Versehen. Doch warte, laß mich überlegen, was mich dazu gebracht hat. Der Fehler ist nicht ohne
33 Pointe. Als ich an einen Baum an einem einsamen Ort dachte, wo sich niemand befindet, der ihn sieht, da glaubte ich, dies sei dasselbe wie sich einen Baum vorstellen, der ohne wahrgenommen oder von jemandem gedacht zu werden existiert; dabei ist mir entgangen, daß ich selbst ihn mir die ganze Zeit vorgestellt habe. Aber jetzt ist mir sonnenklar, daß ich nichts anderes zu tun vermag, als Ideen in meinem Geist zu bilden. Ich kann in der Tat in meinem Denken die Idee eines Baumes oder Hauses oder Berges fassen; aber das ist auch alles. Und es beweist keineswegs, daß ich sie mir als *außerhalb des Geistes aller denkenden Wesen existierend* vorstellen kann.

Philonous Du erkennst also an, daß du dir unmöglich vorstellen kannst, wie irgendein körperliches Sinnending anders als in einem Geist existieren sollte.

Hylas Ja.

Philonous Und doch willst du allen Ernstes für die Wahrheit von etwas streiten, das du dir nicht einmal vorstellen kannst.

Hylas Ich gestehe, ich kann darauf nichts erwidern. Aber einige Bedenken werde ich trotz allem nicht los. Ist nicht gewiß, daß ich Dinge in einer Entfernung sehe? Nehmen wir nicht zum Beispiel die Sterne und den Mond als weit von uns entfernt wahr? Ist das nicht für die Sinne offenkundig?

Philonous Nimmst du nicht auch im Traum diese oder ähnliche Gegenstände wahr?

Hylas Ja doch.

Philonous Und erwecken sie dann nicht denselben Anschein von Entferntsein?

Hylas Freilich.

Philonous Woraus du jedoch nicht den Schluß ziehst, daß die Traumerscheinungen außerhalb des Geistes existieren?

Hylas Keineswegs.

Philonous Also solltest du nicht aus der Erscheinungsweise oder der Art, wie Sinnendinge wahrgenommen werden, schließen, daß sie außerhalb des Geistes existieren.

Hylas Das gebe ich zu. Aber werde ich denn von meinen Sinnen in dergleichen Fällen nicht getäuscht?

Philonous Mitnichten. Daß die Idee oder das Ding, das du unmittelbar wahrnimmst, tatsächlich außerhalb des Geistes existiert, lehren dich weder Sinne noch Vernunft. Durch die Sinne erfährst du nur, daß dir die und die bestimmten Licht- und Farbempfindungen etc. gegeben sind. Und von diesen wirst du nicht behaupten, daß sie außerhalb des Geistes existieren.

Hylas Wohl wahr; aber glaubst du nicht, daß darüber hinaus das Sehen uns so etwas wie *Draußensein* (outness) oder *Entfernung* suggeriert?

Philonous Wenn wir uns einem entfernten Gegenstand nähern, ändern sich dann fortwährend die sichtbare Größe und Gestalt oder erscheinen sie aus allen Entfernungen gleich?

Hylas Sie sind in dauerndem Wechsel begriffen.

Philonous Durch das Sehen wird dir also weder suggeriert noch
in irgendeiner anderen Form mitgeteilt, daß der sichtbare Gegenstand, den du unmittelbar wahrnimmst, in einer Entfernung 34
existiert oder wahrgenommen werden wird, wenn du dich weiter
vorwärts bewegst; vorhanden ist lediglich eine lückenlose Reihe
sichtbarer Gegenstände, die einander während der ganzen Zeit
deiner Annäherung folgen.

Hylas So ist es. Aber dennoch weiß ich beim Sehen eines Gegenstandes, welchen Gegenstand ich wahrnehmen werde, wenn ich eine bestimmte Wegstrecke durchlaufen habe; einerlei, ob es genau derselbe ist oder nicht, immer wird dabei Entfernung suggeriert.

Philonous Lieber Hylas, denk nur ein wenig über die Sache nach und sag mir dann, ob es damit eine andere Bewandtnis hat als folgende: Aus den Ideen, die du tatsächlich visuell wahrnimmst, hast du durch Erfahrung schließen gelernt, welche anderen Ideen (gemäß der feststehenden Ordnung der Natur) dir nach einem bestimmten Zeit- und Bewegungsablauf gegeben sein werden.

Hylas Alles in allem, denke ich, verhält es sich so.

Philonous Liegt es nun nicht auf der Hand, daß, angenommen,
ein Blindgeborener würde plötzlich sehend, er anfänglich kei- 35

ne Erfahrung dessen haben könnte, was durch Sehen suggeriert wird.

Hylas In der Tat.

Philonous Er würde also deiner Auffassung nach keinen Begriff von Entfernung mit den gesehenen Dingen verknüpfen, sondern würde sie für eine neue Menge von Empfindungen halten, die nur in seinem Geist existieren.

Hylas Das ist nicht zu bestreiten.

Philonous Um aber die Sache in ein noch helleres Licht zu setzen: Ist *Entfernung* nicht eine direkt von vorn aufs Auge zulaufende Linie?

Hylas Sicher.

Philonous Und kann eine Linie in dieser Lage durch den Gesichtssinn wahrgenommen werden?

36 **Hylas** Nein.

Philonous Folgt daraus nicht, daß Entfernung nicht eigentlich und unmittelbar durch den Gesichtssinn wahrgenommen wird?

Hylas Es hat den Anschein.

Philonous Und bist du der Meinung, daß Farben sich in einer Entfernung befinden?

Hylas Man muß zugeben, daß sie nur im Geist existieren.

Philonous Aber existieren die Farben für das Auge nicht zusammen mit Ausdehnung und Gestalt am selben Ort?

Hylas Freilich.

Philonous Wie kannst du dann aus dem, was du siehst, schließen, daß Gestalten außerhalb existieren, wenn du zugibst, daß Farben es nicht tun, wo doch die sinnliche Erscheinung in beiden Fällen dieselbe ist?

Hylas Darauf weiß ich keine Antwort.

Philonous Aber selbst wenn wir einräumen würden, daß Entfernung eigentlich und unmittelbar durch den Geist wahrgenommen wird, so ließe sich daraus doch nicht folgern, daß sie außerhalb des Geistes existiert. Denn was auch immer unmittelbar wahrgenommen wird, ist Idee; und kann eine *Idee* außerhalb des Geistes existieren?

Hylas Das anzunehmen wäre absurd. Aber sag mir, Philonous, können wir außer unseren Ideen nichts wahrnehmen oder erkennen?

Philonous Was das vernunftgemäße Ableiten von Ursachen aus
Wirkungen betrifft, so ist das nicht Gegenstand unserer Unter- 37
suchung. Ob du aber durch die Sinne etwas wahrnimmst, was nicht unmittelbar wahrgenommen wird, weißt du selbst am besten. Und ich frage dich, ob die unmittelbar wahrgenommenen Dinge etwas anderes sind als deine eigenen Sinnesempfindungen oder Ideen. Du hast freilich im Verlauf unserer Unterhaltung hierzu schon öfters Stellung genommen; aber deine zuletzt gestellte Frage läßt vermuten, daß du deine Meinung geändert hast.

Hylas Um die Wahrheit zu sagen, Philonous, ich glaube, es gibt zwei Arten von Gegenständen. Die einen werden unmittelbar wahrgenommen; man nennt sie auch *Ideen*. Die anderen sind wirkliche Dinge oder äußere Gegenstände; sie werden durch Vermittlung von Ideen wahrgenommen, die ihre Abbilder und Stellvertreter sind. Nun gebe ich zu, daß Ideen nicht außerhalb
des Geistes existieren; für die zweite Art von Gegenständen aber 38
gilt das nicht. Ich bedaure, daß ich nicht früher an diese Unterscheidung gedacht habe. Sie hätte deine Darlegungen vermutlich um einiges abgekürzt.

Philonous Werden jene äußeren Gegenstände durch die Sinne oder durch ein anderes Vermögen wahrgenommen?

Hylas Durch die Sinne.

Philonous Wie! Wird irgend etwas durch die Sinne anders als unmittelbar wahrgenommen?

Hylas Ja, Philonous, in gewisser Weise schon. Wenn ich zum Beispiel ein Bild oder eine Statue von Julius Cäsar betrachte, kann man durchaus behaupten, daß ich ihn durch die Sinne (wenn auch nicht unmittelbar) wahrnehme.

Philonous Du scheinst also der Ansicht zu sein, daß unsere Ideen, die allein unmittelbar wahrgenommen werden, Abbilder äußerer Dinge sind und daß diese insofern auch durch die Sinne wahrgenommen werden, als zwischen ihnen und unseren Ideen eine Übereinstimmung oder Ähnlichkeit besteht.

Hylas So meine ich es.

Philonous Und auf dieselbe Art und Weise, wie der an sich selbst unsichtbare Julius Cäsar gleichwohl durch den Gesichtssinn wahrgenommen wird, werden an sich selbst nicht wahrnehmbare reale Dinge durch die Sinne wahrgenommen.

Hylas Genau so.

Philonous Sag mir, Hylas, wenn du das Bildnis Julius Cäsars betrachtest, siehst du dann mit deinen Augen etwas anderes als einige Farben und Formen, das Ganze in einer gewissen harmonischen Anordnung?

Hylas Nichts weiter.

Philonous Und würde nicht jemand, der nie etwas von Julius Cäsar gehört hat, dasselbe sehen?

Hylas Das würde er.

Philonous Folglich steht ihm der Gesichtssinn in nicht geringerem Maße zu Gebote als dir.

Hylas Das räume ich ein.

Philonous Wie erklärt sich dann, daß deine Gedanken auf den römischen Kaiser gerichtet sind, seine jedoch nicht? An den Empfindungen oder Ideen der Sinne, die du wahrgenommen hast, kann es nicht liegen; denn du gibst zu, daß du ihm gegenüber in dieser Beziehung nichts voraus hast. Also scheinen Vernunft und Gedächtnis ausschlaggebend zu sein, oder etwa nicht?

Hylas Doch.

Philonous Somit folgt aus deinem Beispiel nicht, daß durch die Sinne irgend etwas anders als unmittelbar wahrgenommen wird. Ich gebe freilich zu, daß man in gewisser Hinsicht von mittelbar durch die Sinne wahrgenommenen Sinnendingen reden kann – dann nämlich, wenn aufgrund einer häufig wahrgenommenen Verbindung die unmittelbare Wahrnehmung von Ideen eines Sinnes dem Geist andere, vielleicht einem anderen Sinn zugehörige Ideen, die gewöhnlich mit jenen verbunden sind, suggeriert. Wenn ich z. B. eine Kutsche durch die Straßen fahren höre, nehme ich unmittelbar nur ein Geräusch wahr. Aber aufgrund meiner Erfahrung, daß solch ein Geräusch mit einer Kutsche verbunden ist, sage ich, ich höre die Kutsche. Nichtsdestoweniger

ist offenkundig, daß genau genommen und in Wahrheit nichts als ein *Geräusch gehört* werden kann; und die Kutsche wird daher nicht eigentlich durch die Sinne wahrgenommen, sondern durch Erfahrung suggeriert. Genauso verhält es sich, wenn es heißt, man sehe einen rotglühenden Eisenstab. Die Festigkeit und Hitze des Eisens sind nicht Gegenstand des Gesichtssinns, sondern werden durch Farbe und Gestalt, die das eigentlich durch diesen Sinn Wahrgenommene sind, der Einbildungskraft suggeriert. Kurz: Nur solche Dinge werden tatsächlich und in aller Strenge durch irgendeinen Sinn wahrgenommen, die auch dann wahrgenommen würden, wenn dieser Sinn uns eben jetzt verliehen 3
wäre. Was die übrigen Dinge betrifft, so liegt auf der Hand, daß sie nur durch Erfahrung, auf frühere Wahrnehmungen gegründet, dem Geist suggeriert werden. Um aber auf deinen Vergleich mit dem Bildnis Cäsars zurückzukommen: Wenn du daran festhältst, mußt du klarerweise annehmen, daß die wirklichen Dinge oder Urbilder unserer Ideen nicht durch die Sinne wahrgenommen werden, sondern durch irgendein inneres Seelenvermögen wie Vernunft oder Gedächtnis. Ich wüßte deshalb gern, welche Argumente für die Existenz der – wie du sie nennst – *wirklichen Dinge* oder *materiellen Gegenstände* du der Vernunft entnehmen kannst. Oder ob du dich erinnern kannst, sie früher einmal so, wie sie an sich selbst sind, gesehen zu haben; oder ob du von jemandem gehört oder gelesen hast, dem das widerfahren wäre.

Hylas Ich merke, Du bist zum Spotten aufgelegt, Philonous. Aber das wird mich niemals überzeugen.

Philonous Ich möchte von dir nur erfahren, auf welchem Wege ich zum Wissen von *materiell Seiendem* gelangen kann. Alles, was wir wahrnehmen, wird entweder unmittelbar oder mittelbar wahrgenommen: durch die Sinne oder mit Hilfe von Vernunft 4
und Überlegung. Da du aber die Sinne ausgeschaltet hast, so laß mich bitte wissen, aus welchem Grunde du an die Existenz jenes Seienden glaubst, oder von welchem *vermittelnden Element* du möglicherweise Gebrauch machen kannst, um mich oder dich selbst davon zu überzeugen.

Hylas Offen gestanden, Philonous, wenn ich jetzt die Sache recht bedenke, stelle ich fest, daß ich dir keine guten Gründe dafür nennen kann. Aber so viel dürfte immerhin klar sein, daß die Realexistenz solcher Dinge zumindest möglich ist. Und solange nichts Widersinniges in der Annahme liegt, bin ich entschlossen, mich in meinem Glauben nicht beirren zu lassen, bis du gute Gründe für das Gegenteil vorbringst.

Philonous Wie! Ist es soweit gekommen, daß du an die Existenz materieller Gegenstände lediglich glaubst und daß dein Glaube sich auf die bloße Möglichkeit seines Wahrseins gründet? Außerdem verlangst du, daß ich Gegengründe anführe; dabei würden andere es für vernünftig halten, daß derjenige die Beweislast trägt, der die Behauptung aufstellt. Und schließlich warst du im Laufe unserer Unterhaltung mehr als einmal aus guten Gründen bereit, eben die These fallenzulassen, an der du jetzt ohne jede Begründung festzuhalten entschlossen bist. Doch dem sei, wie ihm wolle. Wenn ich dich recht verstehe, behauptest du, daß zwar unsere Ideen nicht außerhalb des Geistes existieren, daß sie aber Widerspiegelungen, Abbilder oder Stellvertreter derart existierender Urbilder sind.

Hylas Du verstehst mich recht.

41 **Philonous** Sie gleichen also den äußeren Dingen.

Hylas So ist es.

Philonous Sind diese Dinge von beständiger und gleichbleibender Beschaffenheit, unabhängig von unseren Sinnen, oder sind sie dauerndem Wechsel unterworfen, wenn wir Bewegungen in unserem Körper hervorrufen, unsere Fähigkeiten oder Sinnesorgane ruhen lassen, gebrauchen oder verändern?

Hylas Wirkliche Dinge haben klarerweise eine konstante und reale Beschaffenheit, die ungeachtet aller Veränderungen in unseren Sinnen oder in Stellung und Bewegung unseres Körper dieselbe bleibt. Diese Veränderungen können freilich die Ideen in unserem Geist beeinflussen; aber es wäre absurd zu glauben, sie würden sich gleichermaßen auf Dinge auswirken, die außerhalb des Geistes existieren.

Philonous Wie ist es dann möglich, daß etwas so Unstetes und unablässig Fließendes wie unsere Ideen Widerspiegelung oder

Abbild beständiger und sich gleichbleibender Dinge sein sollte? Oder anders gesagt: Da alle sinnlichen Qualitäten wie Größe, Gestalt, Farbe usw., d.h. unsere Ideen bei jeder Änderung der Entfernung, des Mediums oder Werkzeugs der Empfindung in fortwährendem Wechsel begriffen sind – wie kann da irgendein in sich bestimmtes materielles Objekt durch eine Vielzahl von Dingen, deren jedes vom anderen durchaus verschieden und ihm unähnlich ist, angemessen repräsentiert und dargestellt werden? Oder wenn du sagst, nur eine von unseren Ideen gleiche ihm, wie sollen wir imstande sein, die wahre Widerspiegelung von all den falschen zu unterscheiden?

Hylas Ich gestehe, Philonous, ich bin ratlos. Ich weiß nicht, was ich dazu sagen soll.

Philonous Aber das ist nicht alles. Was sind materielle Gegenstände an sich selbst – wahrnehmbar oder nicht wahrnehmbar?

Hylas Im eigentlichen Sinne und unmittelbar können nur Ideen wahrgenommen werden. Alle materiellen Dinge sind daher an sich nicht sinnlich faßbar und können nur durch Ideen wahrgenommen werden.

Philonous Ideen sind somit sinnlich faßbar, und ihre Urbilder oder Muster sind es nicht.

Hylas Richtig.

Philonous Aber wie kann sinnlich Faßbares dem gleichen, das nicht sinnlich faßbar ist? Kann ein wirkliches, an sich *unsichtbares* Ding einer *Farbe* gleichen oder ein wirkliches Ding, das *unhörbar* ist, einem *Ton*? Mit einem Wort: Kann etwas anderes als eine Empfindung oder Idee einer Empfindung oder Idee ähnlich sein?

Hylas Offen gestanden, ich glaube nicht.

Philonous Ist es möglich, daß in diesem Punkt auch nur der mindeste Zweifel herrscht? Sind dir deine eigenen Ideen nicht vollkommen bekannt?

Hylas Sie sind mir vollkommen bekannt. Denn was ich nicht wahrnehme oder wovon ich keine Kenntnis habe, kann nicht
Teil meiner Ideen sein. 42

Philonous Betrachte und prüfe sie also, und dann sage mir, ob etwas in ihnen ist, das außerhalb des Geistes existieren kann oder ob du einen Begriff von etwas ihnen Ähnlichem haben kannst, das außerhalb des Geistes existiert.

Hylas Bei genauer Prüfung finde ich es unmöglich, mir vorzustellen oder zu verstehen, wie etwas anderes als eine Idee einer Idee ähnlich sein kann. Und es ist sonnenklar, daß *keine Idee außerhalb des Geistes existieren kann*.

Philonous Du bist also durch deine Grundsätze gezwungen, die Wirklichkeit der Sinnendinge zu leugnen; denn die soll ja, wenn es nach dir geht, in einem absoluten Dasein außerhalb des Geistes bestehen. Das heißt, du bist *Skeptiker* durch und durch. Somit habe ich erreicht, was ich erreichen wollte, nämlich zu zeigen, daß deine Grundsätze zum Skeptizismus führen.

Hylas Für den Moment bin ich, wenn auch nicht restlos überzeugt, so doch zum Schweigen gebracht.

Philonous Ich wüßte gerne, wessen es ferner bedarf, um dich restlos zu überzeugen. Hattest du nicht völlig freie Hand bei der Wahl deiner Strategie? Gab es irgendeinen kleinen Lapsus in unserem Disput, der ausgenutzt und aufgebauscht worden wäre? Oder durftest du nicht jede deiner Behauptungen widerrufen oder verstärken, wie es deinen Zwecken am besten entsprach? Wurde nicht alles, was du nur immer sagen konntest, in denkbar fairer Weise angehört und geprüft? Mit einem Wort: Bist du nicht in allen Punkten durch deine eigenen Äußerungen widerlegt worden? Und wenn du jetzt irgendeinen Fehler in deinen früheren Zugeständnissen entdeckst, wenn dir ein allerletzter Ausweg, irgendeine neue Unterscheidung, Gewichtung oder Auslegung in den Sinn kommt – warum bringst du die Sache nicht zur Sprache?

Hylas Ein bißchen Geduld, Philonous. Im Moment weiß ich weder aus noch ein. Du kannst nicht erwarten, daß ich aus dem Labyrinth, in das du mich geführt hast, im Handumdrehen wieder herausfinde. Du mußt mir Zeit lassen, mich zu besinnen und meine Gedanken zu sammeln.

Philonous Horch! Ist das nicht die Schulglocke?

43 **Hylas** Sie läutet zum Gebet.

Philonous Dann laß uns hineingehen. Wenn du willst, treffen wir uns morgen früh wieder hier. Inzwischen hast du Gelegenheit, über unseren heutigen Disput gründlich nachzudenken. Vielleicht entdeckst du ja irgendeinen Trugschluß oder findest neue Mittel und Wege, um deine Ratlosigkeit zu überwinden.
Hylas Einverstanden.

ZWEITER DIALOG

Hylas Verzeih, Philonous, daß ich nicht früher gekommen bin. Den ganzen Morgen schwirrte mir der Kopf von unserem gestrigen Gespräch, so daß ich weder an die Uhrzeit noch an sonst etwas anderes denken konnte.

Philonous Ich bin froh, daß du dich so eifrig damit beschäftigt hast. Sollten Fehler in deinen Zugeständnissen oder Trugschlüsse in meinen Folgerungen aus ihnen enthalten sein, so wirst du sie mir, hoffe ich, jetzt aufdecken.

Hylas Ich kann dir versichern, ich habe die ganze Zeit nur nach Fehlern und Trugschlüssen gesucht und deshalb unseren Disput noch einmal Punkt für Punkt geprüft – aber umsonst; denn die Ansichten, zu denen ich gelangt bin, erscheinen bei kritischer Betrachtung noch klarer und einleuchtender; und je mehr ich mich mit ihnen beschäftige, desto unwiderstehlicher wird der Zwang zur Zustimmung, der von ihnen ausgeht.

Philonous Und meinst du nicht, daß dies ein Zeichen ihrer Echtheit, Naturgemäßheit und Übereinstimmung mit der rechten
4 Vernunft ist? Wahrheit und Schönheit gleichen einander darin, daß sie durch eingehende Betrachtung nur gewinnen können, während der falsche Glanz des Irrtums und der Verstellung es nicht ertragen kann, geprüft und aus nächsten Nähe in Augenschein genommen zu werden.

Hylas Ich gebe zu, was du sagst, hat viel für sich. Auch kann niemand fester von der Wahrheit jener seltsamen Folgerungen überzeugt sein als ich, solange mir die Argumente, die zu ihnen führen, gegenwärtig sind. Sobald ich aber aufhöre, an sie zu denken, hat die moderne Art, die Dinge zu erklären, etwas so Überzeugendes, Natürliches und Einsichtiges für mich, daß ich mich ihrem Einfluß nicht entziehen kann.

Philonous Ich weiß nicht, welche Erklärungsart du meinst.

Hylas Ich meine die Art und Weise, von unseren Sinnesempfindungen oder Ideen Rechenschaft zu geben.

Philonous Und die wäre?

Hylas Man nimmt an, daß die Seele in einem bestimmten Teil des Gehirns ihren Sitz hat, von wo die Nerven ausgehen, die sich dann in alle Bereiche des Körpers verzweigen; ferner daß äußere Gegenstände durch die verschiedenen Eindrücke, die sie den Sinnesorganen mitteilen, die Nerven in bestimmte schwingende Bewegungen versetzen. Diese pflanzen sich durch die mit Lebensgeistern (spirits) gefüllten Nerven zum Gehirn oder dem Sitz der Seele fort, die je nach den verschiedenen im Gehirn hervorgerufenen Eindrücken oder Spuren verschiedene Ideen empfängt.

Philonous Und das nennst du eine Erklärung der Art, wie uns Ideen zuteil werden?

Hylas Warum nicht, Philonous, hast du etwas dagegen einzuwenden?

Philonous Zunächst möchte ich wissen, ob ich deine Hypothese richtig verstehe. Du behauptest, daß gewisse Spuren im Gehirn die Ursache oder Veranlassung unserer Ideen sind. Bitte sage mir, ob du mit dem *Gehirn* ein Sinnending meinst.

Hylas Was könnte ich sonst meinen?

Philonous Alle Sinnendinge sind unmittelbar wahrnehmbar; und die unmittelbar wahrnehmbaren Dinge sind Ideen; und diese existieren nur im Geist. Soviel hast du, wenn ich nicht irre, schon längst akzeptiert.

Hylas Das will ich nicht bestreiten.

Philonous Somit existiert das Gehirn, von dem du sprichst, als Sinnending nur im Geist. Nun wüßte ich gern, ob du die Annahme vernünftig findest, daß eine Idee oder ein Ding, das im Geist existiert, alle anderen Ideen veranlaßt. Und wenn du das annimmst, wie, bitteschön, erklärst du den Ursprung jener ersten Idee oder des Gehirns selbst?

Hylas Ich erkläre den Ursprung unserer Ideen nicht durch das sinnlich wahrnehmbare Gehirn, das ja seinerseits nur eine Verbindung sinnlicher Ideen ist, sondern durch ein anderes, das ich mir durch die Einbildungskraft vorstelle.

Philonous Aber sind vorgestellte Dinge nicht ebenso wahrhaft im
45 Geist wie sinnlich wahrgenommene?

Hylas Das muß ich zugeben.

Philonous Es kommt demnach auf dasselbe hinaus; du erklärst dauernd Ideen durch bestimmte Bewegungen oder Eindrücke im Gehirn, das heißt durch Veränderungen in einer Idee, wobei es nichts ausmacht, ob diese sinnlich gegeben oder durch die Einbildungskraft vorgestellt ist.

Hylas Ich fange an, meiner Hypothese zu mißtrauen.

Philonous Abgesehen von Geistwesen sind unsere eigenen Ideen alles, was wir erkennen oder vorstellen können. Wenn du also sagst, alle Ideen seien durch Eindrücke im Gehirn veranlaßt – was ist dann das Gehirn: von dir vorgestellt oder nicht? Wenn ersteres, dann redest du von Ideen, die, einer Idee eingeprägt, eben diese Idee verursachen, was absurd ist. Wenn letzteres, so redest du unverständlich, statt eine vernünftige Hypothese aufzustellen.

Hylas Ich sehe ein, das war aus der Luft gegriffen. Es ist nichts daran.

Philonous Mach dir keine Gedanken. Schließlich vermochte diese Art, die Dinge zu erklären, wie du dich ausgedrückt hast, noch nie einen vernünftigen Menschen zufriedenzustellen. Welche Verbindung besteht denn zwischen einer Bewegung in den Nerven und den Ton- oder Farbempfindungen im Geist? Oder wie wäre es möglich, daß diese die Wirkung von jener sind?

Hylas Aber ich hätte nie gedacht, daß so wenig daran wäre, wie es mir jetzt vorkommt.

Philonous Bist du nun endlich überzeugt, daß kein Sinnending real existiert und daß du in Wahrheit ein *Erzskeptiker* bist?

Hylas Wer könnte etwas so Offenkundiges bestreiten.

Philonous Sieh! Sprießt nicht überall auf den Feldern liebliches frisches Grün? Haben nicht Wald und Hain, Flüsse und klare Quellen etwas in sich, das die Seele besänftigt, erquickt und erhebt? Wird nicht beim Anblick des weiten und tiefen Ozeans oder eines mächtigen Berges, dessen Gipfel sich in den Wolken verliert, oder eines alten düsteren Waldes unser Geist mit won-

nigem Schauder erfüllt? Hat nicht selbst die Wildheit von Felsen und Wüsten etwas Wohltuendes? Welch reines Vergnügen gewährt die Betrachtung der Naturschönheiten der Erde! Verhüllt 46
nicht in stetem Wechsel der Schleier der Nacht ihr Antlitz, um unser Wohlgefallen zu erhalten und zu erneuern, und legt sie nicht mit jeder Jahreszeit ein anderes Kleid an? Wie planvoll sind die Elemente geordnet? Welche Vielfalt und Zweckmäßigkeit in den geringsten Hervorbringungen der Natur? Welche Zartheit, Schönheit und Kunstfertigkeit im Bau der Tiere und Pflanzen? Wie vortrefflich sind alle Dinge eingerichtet, im Hinblick sowohl auf ihre besonderen Zwecke als auch auf das Ganze, dem sie sich harmonisch einfügen! Und während sie sich gegenseitig beistehen und unterstützen, heben sie sich nicht auch voneinander ab und bestimmen sich wechselseitig? Löse nun deine Gedanken von diesem Erdball und richte sie auf jene herrlichen Gestirne, die den hohen Himmelsbogen schmücken. Sind nicht Bewegung und Stellung der Planeten wegen ihrer Zweckmäßigkeit und Ordnung bewundernswürdig? Hat man je vernommen, daß die (fälschlich Irrsterne genannten) Himmelskörper auf ihren wiederholten Wanderungen durch die pfadlose Leere von ihrer Bahn abgewichen wären? Messen sie nicht auf ihrer Umlaufbahn um die Sonne Flächenstücke ab, die in gleichen Zeiten stets gleich groß sind? So bestimmt, so unveränderlich sind die Gesetze, durch die der unsichtbare Schöpfer der Natur das Weltall bewegt. Wie lebhaft und strahlend ist der Glanz der Fixsterne! Welch grandioser Reichtum in jener lässigen Verschwendung, mit der sie im ganzen tiefblauen Gewölbe verstreut zu sein scheinen! Und doch, wenn du das Fernrohr zur Hand nimmst, erschließt es deinem Blick eine neue Unzahl von Sternen, die für das bloße Auge unsichtbar sind. Hier scheinen sie dicht gedrängt und winzig, aber bei näherer Betrachtung sind es ungeheure Lichtkugeln, in verschiedenen Entfernungen voneinander, verloren in den Abgründen des Raumes. Nun mußt du die Einbildungskraft zu Hilfe nehmen. Die schwachen beschränkten Sinne sind nicht imstande, unzählige, um Zentralgestirne kreisende Welten zu erfassen, noch auch die in diesen Welten in

unendlicher Formenvielfalt sich manifestierende wirkende Kraft eines schlechthin vollkommenen Geistwesens. Aber weder Sinne noch Einbildungskraft reichen aus, das grenzenlose All mit seiner ganzen prachtvollen Ausstattung zu erfassen. Mag auch der strebende Geist seine Kräfte bis zum äußersten anspannen, so übersteigt stets die Menge des Unbegriffenen jedes Maß. Und doch sind all die riesigen Körper, die dieses gewaltige Gebäude ausmachen, so entfernt sie auch sein mögen, durch einen geheimen Mechanismus, eine göttliche Kunstfertigkeit und Kraft zu wechselseitiger Abhängigkeit und Interaktion gezwungen, sogar mit diesem Erdball, der mir in dem Weltengewimmel fast aus dem Sinn gekommen wäre. Ist nicht die ganze Weltordnung unaussprechlich und unermeßlich groß, schön und herrlich! Welche Behandlung verdienen also jene Philosophen, die dieses edle und hinreißende Schauspiel aller Wirklichkeit berauben möchten? Wie können jene Grundsätze aufrechterhalten werden, die uns glauben machen wollen, die ganze sichtbare Schönheit der Schöpfung sei nichts als glänzender wesenloser Schein. Rundheraus gesagt: Glaubst du wirklich, dein Skeptizismus werde nicht von jedem, der gesunden Menschenverstand besitzt, für komplett abwegig und widersinnig gehalten?

Hylas Andere mögen denken, was sie wollen. Du aber hast mir nichts vorzuwerfen. Ich tröste mich damit, daß du nicht weniger *Skeptiker* bist als ich.

Philonous Mit Verlaub, Hylas, wir sitzen keineswegs im selben Boot.

Hylas Wie! Hast du nicht bisher die Prämissen akzeptiert, und jetzt willst du die Konklusion bestreiten? Und ich soll für all die Paradoxa geradestehen, die du verschuldet hast? Das ist alles andere als fair.

Philonous Ich bestreite, daß ich, was die zum Skeptizismus führenden Ansichten betrifft, dir beigepflichtet habe. Du warst es, der behauptet hat, die Wirklichkeit der Sinnendinge bestehe in einem *absoluten Dasein* außerhalb des Geistes denkender Wesen oder in etwas vom Wahrgenommenwerden Verschiedenem. Und infolge dieses Wirklichkeitsbegriffs bist du genötigt, Sinnendingen jedes reale Dasein abzusprechen. Das heißt: Gemäß deiner eigenen Definition erklärst du dich für einen *Skeptiker*. Ich andererseits habe weder gesagt noch gemeint, daß die Wirklichkeit der Sinnendinge in dieser Weise bestimmt werden müsse. Für mich ist evident, und zwar aus Gründen, die deine Zustimmung gefunden haben, daß Sinendinge nicht anders als in einem Geist oder denkenden Wesen existieren können. Daraus schließe ich nicht, daß sie kein reales Dasein haben, sondern, insofern sie nicht von meinem Denken abhängen und ihnen Existenz unabhängig vom Wahrgenommenwerden durch mich zukommt, *daß es irgendeinen anderen Geist geben muß, in dem sie existieren*. So sicher also die Sinnenwelt wirklich existiert, so sicher gibt es ein unendliches allgegenwärtiges Geistwesen, das sie in sich enthält und trägt.

Hylas Wie denn? Das ist ja nichts anderes, als was ich und alle Christen behaupten, ja auch alle anderen, die glauben, daß es einen Gott gibt, der alle Dinge kennt und begreift.

Philonous Ja, aber hier liegt der Unterschied: Für gewöhnlich glauben die Menschen, daß Gott alle Dinge kennt und wahrnimmt, weil sie an das Dasein eines Gottes glauben, wohingegen ich unmittelbar und notwendig auf das Dasein eines Gottes schließe, weil alle sinnlichen Dinge von ihm wahrgenommen werden müssen.

Hylas Aber solange wir alle dasselbe glauben, was liegt daran, wie wir zu diesem Glauben kommen?

Philonous Wir sind durchaus nicht derselben Ansicht. Denn obwohl die Philosophen anerkennen, daß alle körperlichen Dinge von Gott wahrgenommen werden, schreiben sie diesen doch ein absolutes Sein, verschieden vom Wahrgenommenwerden durch jeglichen Geist zu; und das tue ich nicht. Außerdem, besteht denn kein Unterschied zwischen dem Satz *Gott existiert; daher nimmt er alle Dinge wahr* und dem Satz *Sinnendinge existieren wirklich; und wenn sie wirklich existieren, werden sie notwendig von einem unendlichen Geist wahrgenommen; daher existiert ein unendlicher Geist oder Gott*? Damit erhältst du einen direkten und unmittelbaren Beweis aus einem höchst einleuchtenden Grundsatz

für das *Sein eines Gottes*. Theologen und Philosophen haben aus der Schönheit und Zweckmäßigkeit der verschiedenen Teile der Schöpfung unbestreitbar bewiesen, daß sie Gottes Werk ist. Daß aber – alle Hilfe der Astronomie und Naturforschung, alle Betrachtung der Planmäßigkeit, Ordnung und Stimmigkeit der Dinge beiseite gesetzt – aus der bloßen Existenz der Sinnenwelt mit Notwendigkeit auf einen unendlichen Geist geschlossen werden kann – dieses Argument bleibt denen vorbehalten, die folgende einfache Überlegung angestellt haben: die Sinnenwelt ist der Inbegriff dessen, was wir durch unsere verschiedenen Sinne wahrnehmen; durch die Sinne wird nichts wahrgenommen außer Ideen, und weder eine Idee noch deren Urbild kann anders als in einem Geist existieren. Nun kannst du, ohne die Wissenschaften bemühen zu müssen, ohne subtile Vernünftelei oder lähmend langatmige Darlegungen dem eifrigsten Verfechter des Atheismus entgegentreten und ihm Paroli bieten. Jene kläglichen Behelfe wie die ewige Abfolge ungeistiger Ursachen und Wirkungen oder das zufällige Zusammentreffen von Atomen, jene Ausgeburten der Phantasie eines Vanini, Hobbes,
7 Spinoza – mit einem Wort, das ganze System des Atheismus, wird es nicht auf einen Schlag zertrümmert allein durch die Erkenntnis, daß die Annahme in sich widersprüchlich ist, das Ganze der sichtbaren Welt oder ein Teil derselben, und sei es der roheste und formloseste, könne außerhalb eines Geistes existieren? Laß nur einen dieser Anstifter zur Gottlosigkeit in seine eigenen Gedanken blicken und prüfen, ob es ihm begrifflich möglich zu sein scheint, daß ein Felsen, eine Wüste, ein Chaos oder Wirrwarr von Atomen, daß überhaupt irgend etwas, sei es sinnlich wahrnehmbar oder durch die Einbildungskraft vorstellbar, unabhängig von einem Geist existiert; und das sollte genügen, ihn seiner Narrheit innewerden zu lassen. Kann ein Streit auf fairere Weise entschieden werden als so, daß jedem die Probe aufs Exempel überlassen bleibt, ob ihm das, was er faktisch für wahr hält, auch nur denkmöglich erscheint und ob er dem dergestalt Gedachten ein wirkliches Dasein zuerkennen kann?

Hylas Es läßt sich nicht leugnen, daß manches in deinen Ausführungen von großem Nutzen für die Religion ist. Aber findest du nicht, daß es dem sehr ähnlich ist, was einige hervorragende neuere Denker lehren, nämlich *daß wir alle Dinge in Gott* 4
sehen?

Philonous Gern würde ich diese Ansicht kennenlernen; bitte, erläutere sie mir.

Hylas Nach ihrer Überzeugung ist die Seele, weil immateriell, unfähig, mit materiellen Dingen in Verbindung zu treten und so dieselben, wie sie an sich sind, wahrzunehmen; aber sie nimmt sie durch ihre Verbindung mit der Substanz Gottes wahr, die als etwas rein Geistiges durch den bloßen Verstand erkennbar oder fähig ist, unmittelbarer Gegenstand der Denktätigkeit eines Seelenwesens zu sein. Ferner sind im Wesen Gottes Vollkommenheiten enthalten, die jedem erschaffenen Seienden entsprechen und die darum geeignet sind, die Dinge dem Geist zu zeigen und darzustellen.

Philonous Ich verstehe nicht, wie unsere Ideen, die ganz und gar leidende und träge Dinge sind, das Wesen oder einen Teil (oder etwas einem Teil Ähnliches) des Wesens oder der Substanz Gottes ausmachen können, der ein nichtleidendes, unteilbares, schlechthin tätiges Wesen ist. Diese Hypothese ist, wie man sofort sieht, noch mit vielen anderen Schwierigkeiten behaftet und Einwänden ausgesetzt; aber ich will nur hinzufügen, daß der ganze Widersinn der gängigen Hypothesen, nämlich eine geschaffene Welt anders als im Geist eines Seelenwesens existieren zu lassen, auch ihr anhängt. Von all dem abgesehen hat es mit ihr noch die besondere Bewandtnis, daß sie die materielle Welt zu etwas völlig Nutzlosem macht. Und wenn es als triftiger Einwand gegen andere wissenschaftliche Hypothesen gilt, daß ihnen zufolge die Natur oder die göttliche Weisheit etwas umsonst tut oder mit ermüdender Umständlichkeit etwas herbeiführt, das auf viel bequemerem und kürzerem Wege erreicht werden könnte, was müssen wir dann von einer Hypothese denken, nach der die ganze Welt für nichts und wieder nichts geschaffen wurde?

Hylas Aber bist du nicht auch der Meinung, daß wir alle Dinge in Gott sehen? Wenn ich nicht irre, kommt deine Auffassung dem nahe.

Philonous [Wenige Menschen denken, aber alle haben eine Meinung. Daher sind die Meinungen der Menschen oberflächlich und verworren. Es ist keineswegs verwunderlich, daß Lehrsätze, mag ihr Gehalt auch noch so verschieden sein, von denen, die sie nicht sorgfältig prüfen, verwechselt werden. Es überrascht mich daher nicht, wenn manche Leute meinen, ich würde in die Schwärmerei des Malebranche geraten, obwohl ich in Wahrheit sehr weit davon entfernt bin. Er gründet seine Lehre auf die abstraktesten allgemeinen Ideen, die ich rundweg ablehne. Er bejaht eine absolute Außenwelt, die ich verneine. Er behauptet, daß wir von unseren Sinnen getäuscht werden und die eigentli-
49 che Natur oder die wahren Formen und Gestalten ausgedehn-
ter Wesen nicht erkennen; von alledem vertrete ich das genaue
Gegenteil, so daß es insgesamt keinen schärferen Gegensatz ge-
50 ben kann als zwischen seinen und meinen Grundsätzen.] Soviel
ist richtig, daß ich völlig mit dem, was die Heilige Schrift sagt,
51 übereinstimme: *»daß wir in Gott leben, weben und sind«*; aber daß
wir in der oben beschriebenen Weise die Dinge im Wesen Gottes sehen, das zu glauben liegt mir fern. Hier in Kürze meine Auffassung. Es ist evident, daß die Dinge, die ich wahrnehme, meine eigenen Ideen sind und daß keine Idee anders als in einem Geist existieren kann. Und nicht weniger klar ist, daß diese Ideen oder von mir wahrgenommenen Dinge, entweder sie selbst oder ihre Urbilder, unabhängig von meinem Geist existieren, weiß ich doch, daß ich nicht ihr Urheber bin, da es nicht in meiner Macht steht, nach Belieben zu bestimmen, welche Ideen in mir beim Öffnen meiner Augen oder Ohren hervorgerufen werden. Sie müssen also in einem anderen Geist existieren, der will, daß sie mir gezeigt werden. Die unmittelbar wahrgenommenen Dinge, sage ich, sind Ideen oder Sinnesempfindungen, du magst sie nennen, wie du willst. Aber wie kann eine Idee oder Empfindung in etwas anderem existieren als in einem Geist oder Seelenwesen oder von etwas anderem hervorgebracht werden? Dies ist aller-

dings unbegreiflich; und etwas Unbegreifliches behaupten heißt sinnlos reden. Nicht wahr?

Hylas Zweifellos.

Philonous Andererseits ist es nur zu begreiflich, daß sie in einem Seelenwesen existieren und von ihm hervorgebracht werden; denn genau das erfahre ich tagtäglich in mir selbst, insofern ich zahllose Ideen wahrnehme, durch einen Akt meines Willens eine große Mannigfaltigkeit von ihnen formen und in meiner Einbildung hervortreten lassen kann – wobei freilich eingeräumt werden muß, daß diese Hervorbringungen der Phantasie nicht ganz so deutlich, kräftig, lebhaft und beständig sind wie die mit den Sinnen wahrgenommenen Ideen, welch letztere *wirkliche Dinge* genannt werden. Aus alledem schließe ich, daß *es einen Geist gibt, der mich in jedem Augenblick mit all den Sinneseindrücken, die ich wahrnehme, affiziert*. Und aus ihrer Mannigfaltigkeit, Ordnung und Beschaffenheit schließe ich, daß ihr Urheber *über alle Maßen weise, mächtig und gut* ist. Beachte bitte: Ich sage nicht, ich sehe die Dinge, indem ich das wahrnehme, was sie in der geistigen Substanz Gottes repräsentiert. Das verstehe ich nicht. Ich sage vielmehr, daß die von mir wahrgenommenen Dinge vom Verstand eines unendlichen Seelenwesens gewußt und von seinem Willen hervorgebracht werden. Und ist all das nicht im höchsten Grade klar und einleuchtend? Liegt mehr darin, als was wir mit ein wenig Aufmerksamkeit auf unseren eigenen Geist und das, was in ihm vorgeht, nicht nur zu begreifen imstande sind, sondern zwangsläufig anerkennen müssen?

Hylas Ich glaube, ich verstehe dich jetzt völlig und räume ein, daß dein Beweis einer Gottheit ebenso einleuchtend wie überraschend ist. Aber selbst wenn Gott zugegebenermaßen die höchste und allgemeine Ursache aller Dinge ist – könnte es nicht doch noch ein drittes Seiendes außer Seelenwesen und Ideen geben?
Können wir nicht eine untergeordnete und beschränkte Ursache 52
unserer Ideen zulassen? Mit einem Wort: Könnte es nicht trotz allem *Materie* geben?

Philonous Wie oft muß ich dir dasselbe einschärfen? Du gibst zu, daß die unmittelbar durch die Sinne wahrgenommenen Dinge in keiner Weise außerhalb des Geistes existieren; aber was immer durch die Sinne wahrgenommen wird, wird unmittelbar wahrgenommen; folglich gibt es nichts Sinnliches, das außerhalb des Geistes existiert. Die Materie, auf der du nach wie vor bestehst, ist somit etwas Intelligibles, nehme ich an – etwas, das vielleicht durch die Vernunft erkannt wird, nicht aber durch die Sinne.

Hylas Da hast du recht.

Philonous Dann sag mir bitte, auf welche Vernunftüberlegungen sich dein Glaube an Materie gründet und was du gegenwärtig unter Materie verstehst.

Hylas Ich finde mich von vielerlei Ideen affiziert, von denen ich weiß, daß ich nicht ihre Ursache bin noch daß sie Ursache ihrer selbst sind oder daß eine die andere verursacht; auch können sie nicht für sich existieren, da sie ganz und gar inaktive, fließende, abhängige Entitäten sind. Sie haben daher eine von mir und von sich selbst verschiedene Ursache, von der ich nicht mehr zu wissen behaupte, als daß sie *die Ursache meiner Ideen* ist. Und dieses Ding, was immer es sei, nenne ich Materie.

Philonous Sage mir, Hylas, darf sich jeder die Freiheit nehmen, die mit einem gewöhnlichen sprachlichen Ausdruck verbundene gängige, besondere Bedeutung zu verändern? Stell dir beispielsweise vor, ein Reisender würde dir berichten, daß in einem bestimmten Land die Leute, ohne Schaden zu nehmen, durchs Feuer gehen; und wenn er sich näher erklärte, fändest du heraus, daß er mit dem Wort *Feuer* das meint, was andere *Wasser* nennen; oder wenn er versicherte, es gäbe Bäume, die auf zwei Beinen wandeln, und er mit dem Ausdruck *Bäume* Menschen meinte. Würdest du das vernünftig finden?

Hylas Nein, ich würde es höchst widersinnig finden. Die allgemeine Übung ist das Maß des sprachlich Richtigen. Und wenn jemand vorsätzlich unrichtig spricht, so verkehrt er den Zweck der Sprache in sein Gegenteils, und das kann nur dazu führen, daß Auseinandersetzungen in die Länge gezogen und vermehrt vom Zaun gebrochen werden, wo eigentlich gar keine Meinungsverschiedenheit besteht.

Philonous Und bezeichnet nicht das Wort *Materie*, so wie es üblicherweise gebraucht wird, eine ausgedehnte, feste, bewegliche, nichtdenkende, untätige Substanz?

Hylas So ist es.

Philonous Und ist nicht mit aller Klarheit dargetan worden, daß eine solche Substanz unmöglich existieren kann? Und selbst 53
wenn man ihre Existenz zugeben wollte – wie kann das, was *untätig* ist, *Ursache* sein? Oder *Nichtdenkendes* die *Ursache des Denkens*? Du kannst freilich, wenn du willst, mit dem Wort *Materie* eine der üblichen Verwendungsweise entgegengesetzte Bedeutung verknüpfen und erklären, du verstündest darunter ein unausgedehntes, denkendes, aktives Seiendes, das die Ursache unserer Ideen ist. Aber was heißt das anderes als ein Spiel mit Worten treiben und in eben den Fehler verfallen, den du gerade erst mit so überzeugender Begründung angeprangert hast? Ich habe durchaus nichts an deiner Argumentation auszusetzen, wenn du aus den Erscheinungen auf eine Ursache schließt; aber ich bestreite, daß es angängig ist, die mit der Vernunft ableitbare Ursache *Materie* zu nennen.

Hylas Was du sagst, hat in der Tat einiges für sich. Aber ich fürchte, du verstehst nicht ganz, was ich meine. Ich möchte unter gar keinen Umständen in den Verdacht geraten zu leugnen, daß Gott oder ein unendliches Geistwesen die höchste Ursache aller Dinge ist. Nur darauf bestehe ich, daß, dem höchsten Agens untergeordnet, eine Ursache von beschränkter und geringerer Wesensart existiert, die an der Hervorbringung unserer Ideen beteiligt ist, nicht durch einen Willensakt oder durch geistige Wirkursächlichkeit, sondern durch jene Art von Tätigkeit, die der Materie eigen ist, d. h. durch *Bewegung*.

Philonous Ich stelle fest, daß du bei jeder Gelegenheit auf deinen alten, längst widerlegten Standpunkt zurückfällst, wonach es eine bewegliche und folglich ausgedehnte Substanz außerhalb des Geistes gibt. Wie denn! Hast du schon vergessen, daß du überzeugt warst, oder möchtest du, daß ich alles wiederhole, was zu diesem Punkt gesagt worden ist? Es ist wirklich nicht korrekt, immer wieder das Dasein von etwas zu behaupten, dessen Nichtsein du so oft zugegeben hast. Doch damit wir uns nicht weiter auf Dinge kaprizieren, die längst erörtert worden sind, frage ich, ob alle deine Ideen nicht völlig passiv und träge sind und keine Spur von Tätigkeit in sich enthalten?

Hylas Gewiß.

Philonous Sind nun sinnliche Qualitäten irgend etwas anderes als Ideen?

Hylas Wie oft habe ich erklärt, daß sie nichts anderes sind.

Philonous Aber ist nicht Bewegung eine sinnliche Qualität?

Hylas Allerdings.

Philonous Folglich ist sie keine Tätigkeit.

Hylas Ich stimme dir zu. Es ist ja ganz klar, daß mein Finger sich passiv verhält, wenn ich ihn bewege. Aber mein Wille, der die Bewegung hervorbringt, ist aktiv.

Philonous Da du zugibst, daß Bewegung keine Tätigkeit ist, möchte ich gern wissen, ob du von irgendeiner Tätigkeit, die nicht Wollen ist, einen Begriff hast; und zweitens, ob es nicht sinnlos reden heißt, wenn man etwas behauptet, ohne einen Begriff damit zu verbinden; und schließlich, ob du unter diesen Voraussetzungen nicht anerkennen mußt, daß es schlechthin absurd und wider alle Vernunft ist, etwas anderes als ein *Geistwesen* als wirkende oder tätige Ursache unserer Ideen anzunehmen?

Hylas In diesem Punkt nehme ich alles zurück. Aber wenn die Materie auch keine Ursache sein mag, wieso kann sie nicht ein
4 *Werkzeug* sein, dessen sich das höchste Agens bei der Erzeugung unserer Ideen bedient?

Philonous Ein Werkzeug, sagst du. Was mögen wohl die Gestalt, die Federn, Räder und Bewegungen dieses Werkzeugs sein?

Hylas Ich maße mir nicht an, darüber etwas zu bestimmen; sowohl die Substanz als auch die Qualitäten sind mir völlig unbekannt.

Philonous Wie? Du meinst also, es bestehe aus unbekannten Teilen, habe unbekannte Bewegungen und eine unbekannte Gestalt.

Hylas Ich glaube nicht, daß es überhaupt Gestalt oder Bewegung besitzt; denn ich bin ja bereits überzeugt, daß keine Sinnesqualität in einer nichtwahrnehmenden Substanz existieren kann.

Philonous Aber wie soll es möglich sein, überhaupt einen Begriff von einem Werkzeug zu gewinnen, das aller sinnlichen Qualitäten, ja sogar der Ausdehnung ermangelt?

Hylas Ich behaupte nicht, irgendeinen Begriff davon zu haben.

Philonous Und welchen Grund hast du für die Annahme, daß dieses unbekannte, unbegreifliche Etwas existiert? Meinst du vielleicht, Gott könne nicht ebensogut ohne dasselbe wirken? Oder stellst du durch Erfahrung fest, daß du etwas dergleichen benutzt, wenn du Ideen in deinem eigenen Geist bildest?

Hylas Du quälst mich in einem fort wegen der Gründe für meinen Glauben. Welche Gründe hast du denn, nicht daran zu glauben?

Philonous Für mich ist es ein zureichender Grund, an die Existenz einer Sache nicht zu glauben, wenn ich keinen Grund finde, an dieselbe zu glauben. Doch mit den Gründen für den Glauben mag es sich verhalten, wie es will – du kannst mir ja nicht einmal verraten, was das ist, woran ich glauben soll; denn du sagst, du habest keinen wie auch immer gearteten Begriff davon. Ich bitte dich also zu überlegen, ob es einem Philosophen, ja selbst dem Common sense ansteht zu behaupten, er glaube, ohne zu wissen was und warum.

Hylas Halt, Philonous. Wenn ich dir sage, die Materie sei ein *Werkzeug*, so heißt das nicht, daß ich damit überhaupt nichts meine. Es ist wahr, ich weiß nicht, um welche besondere Art von Werkzeug es sich handelt; aber immerhin habe ich einen Begriff von *Werkzeug im allgemeinen*, den ich darauf anwende.

Philonous Was aber, wenn sich herausstellen sollte, daß selbst der allgemeinste Begriff des *Werkzeugs*, in einem von *Ursache* verschiedenen Sinn genommen, etwas enthält, das seinen Gebrauch mit den göttlichen Attributen unvereinbar macht?

Hylas Wenn du das zeigst, gebe ich diese Ansicht auf.

Philonous Was verstehst du unter der allgemeinen Natur oder dem Bergriff eines *Werkzeugs*?

Hylas Das allen besonderen Werkzeugen Gemeinsame bildet den allgemeinen Begriff.

Philonous Ist nicht allen Werkzeugen gemeinsam, daß sie nur dazu dienen, diejenigen Dinge herbeizuführen, die nicht durch einen bloßen Akt unseres Willens bewirkt werden können? So bediene ich mich nie eines Werkzeugs, um meinen Finger zu bewegen, weil das durch einen Willensimpuls geschieht. Aber ich würde eines gebrauchen, um einen Felsbrocken zu bewegen oder einen Baum mit den Wurzeln auszureißen. Bist du auch dieser Ansicht? Oder kannst du ein Beispiel anführen, das zeigt, daß ein Werkzeug zur Hervorbringung einer Wirkung gebraucht wird, die unmittelbar vom Willen des Handelnden abhängt?

Hylas Das kann ich freilich nicht.

Philonous Wie kannst du also annehmen, daß ein allervollkommenstes Geistwesen, von dessen Willen alle Dinge bedingungslos und unmittelbar abhängen, in seinem Wirken eines Werkzeugs bedürfe oder, ohne seiner zu bedürfen, davon Gebrauch mache? Daher bist du, scheint mir, genötigt zuzugeben, daß der Gebrauch eines leblosen, untätigen Werkzeugs mit der unendlichen Vollkommenheit Gottes unvereinbar ist, d.h. du mußt in Übereinstimmung mit dem, was du anerkannt hast, die These aufgeben.

Hylas Darauf habe ich keine Antwort bereit.

Philonous Ich meine, du solltest bereit sein, die Wahrheit anzuerkennen, wenn sie dir bündig bewiesen worden ist. Wesen wie wir, die nur über endliche Macht verfügen, sind zum Gebrauch von Werkzeugen gezwungen. Und der Gebrauch eines Werkzeugs zeigt, daß dem Handelnden durch Regeln, die auf dem vorschreibenden Willen eines anderen beruhen, Grenzen gesetzt sind und daß er seine Zwecke nur auf diese Weise und unter solchen Bedingungen erreichen kann. Hieraus dürfte klar hervorgehen, daß das höchste, grenzenlose Agens überhaupt kein Hilfsmittel oder Werkzeug benutzt. Jede Willensäußerung eines allmächtigen Geistwesens ist augenblicklich in die Tat umgesetzt, ohne jede Anwendung von Mitteln. Werden solche von untergeordneten handelnden Wesen angewandt, so geschieht es nicht wegen einer ihnen tatsächlich innewohnenden Wirkkraft oder aufgrund notwendiger Eignung, eine Wirkung hervorzubringen, sondern einzig und allein aufgrund der Naturgesetze oder jener Bedingungen, die ihnen durch die erste Ursache auferlegt sind, welche ihrerseits über Einschränkungen und Vorschriften jeglicher Art erhaben ist.

Hylas Ich will nicht länger behaupten, daß Materie ein Werkzeug ist. Aber das soll nicht bedeuten, daß ich ihre Existenz aufgebe. Denn unbeschadet des Gesagten kann sie immerhin eine *Veranlassung* sein. 55

Philonous Wie viele Gestalten soll deine Materie eigentlich annehmen? Oder wie oft muß ihr Nichtsein bewiesen werden, bis du bereit bist, dich davon zu trennen. Aber dies beiseite gesetzt (obwohl ich dir nach allen Regeln der Disputationskunst mit Recht Vorhaltungen machen könnte, weil du den Hauptbegriff immer wieder in anderer Bedeutung verwendest) – laß mich jetzt nur wissen, was du mit der Behauptung meinst, Materie sei Veranlassung, nachdem du bereits verneint hast, daß sie Ursache sei. Und wenn du erklärt hast, was du unter *Veranlassung* verstehst, dann zeige mir bitte als nächstes, welche Gründe dich glauben machen, daß es eine solche Veranlassung unserer Ideen gibt.

Hylas Was den ersten Punkt betrifft, so verstehe ich unter *Veranlassung* ein untätiges, nichtdenkendes Etwas, in dessen Gegenwart Gott Ideen in unserem Geist hervorruft.

Philonous Und was soll die Natur dieses untätigen, nichtdenkenden Etwas sein?

Hylas Von seiner Natur weiß ich nichts.

Philonous Äußere dich nun zum zweiten Punkt und nenne einen Grund, weshalb wir diesem untätigen, nichtdenkenden, unbekannten Ding Existenz zubilligen sollten.

Hylas Wenn wir in unserem Geist Ideen auf geregelte und beständige Weise hervorgebracht sehen, so ist es eine natürliche Annahme, daß es gewisse feststehende und geordnete Veranlassungen gibt, in deren Gegenwart sie hervorgerufen werden.

Philonous Du anerkennst also, daß Gott allein die Ursache unserer Ideen ist und daß er sie in Gegenwart jener Veranlassungen verursacht.

Hylas Ja, das meine ich.

Philonous Und Gott nimmt zweifellos jene Dinge wahr, die ihm, wie du sagst, gegenwärtig sind.

Hylas Gewiß; sonst könnten sie für ihn keine Gelegenheit zum Handeln sein.

Philonous Ich will jetzt nicht von dir verlangen, daß du dieser Hypothese eine verständliche Auslegung gibst, noch auch, daß du auf all die damit verbundenen verwirrenden Fragen und Schwierigkeiten Antworten parat hast. Ich möchte lediglich wissen, ob die in den Reihen unserer Ideen oder im Lauf der Natur beobachtbare Ordnung und Regelmäßigkeit nicht durch die Weisheit und Macht Gottes hinlänglich erklärt wird und ob es nicht einer Beeinträchtigung dieser Attribute gleichkommt, wenn man annimmt, er werde durch eine nichtdenkende Substanz beeinflußt, angeleitet oder daran erinnert, wann und was er zu wirken habe. Und selbst wenn ich dir alles zugestehen würde, wofür du dich stark machst – welchen Nutzen könntest du daraus ziehen; ist doch schwer einsehbar, wie aus dem Zugeständnis, daß es gewisse Dinge gibt, die der Geist Gottes wahrnimmt und die für ihn Veranlassung sind, in uns Ideen hervorzubringen – wie daraus auf das äußere oder absolute Dasein einer nichtdenkenden Substanz, verschieden von ihrem Wahrgenommenwerden, geschlossen werden könnte.

Hylas Ich weiß nun gar nicht mehr, was ich für richtig halten soll, denn dieser Begriff der *Veranlassung* scheint ebenso jeder Grundlage zu entbehren wie die übrigen.

Philonous Merkst du endlich, daß du bei all den verschiedenen Verwendungsweisen von *Materie* immer nur, du weißt selbst nicht was, angenommen hast, ohne jede Begründung und für nichts und wieder nichts?

Hylas Ich gebe offen zu, daß mir meine Begriffe weniger zusagen, nachdem sie so genau unter die Lupe genommen worden sind. Und dennoch dünkt mich, ich würde auf verworrene Weise wahrnehmen, daß es so etwas wie *Materie* gibt.

Philonous Entweder nimmst du das Dasein der Materie unmittelbar wahr oder mittelbar. Wenn unmittelbar, so erkläre mir bitte, durch welchen deiner Sinne du es wahrnimmst. Wenn mittelbar, so sage mir, auf welche vernunftgemäße Weise es aus jenen Dingen, die du unmittelbar wahrnimmst, erschlossen wird. Soweit die Wahrnehmung. Was die Materie als solche betrifft, so frage ich, ob sie Gegenstand, *substratum*, Ursache, Werkzeug oder Veranlassung ist. Für jede Variante hast du dich schon einmal stark gemacht, indem du mit deinen Begriffen jongliert und die Materie bald in dieser, bald in jener Gestalt hast erscheinen lassen. Und jede These, die du aufgestellt hast, ist von dir selbst mißbilligt und verworfen worden. Wenn du irgend etwas Neues vorzubringen hast, will ich es mir mit Vergnügen anhören.

Hylas Ich glaube, ich habe alles gesagt, was ich zu dieser Frage zu sagen hatte. Ich wüßte nicht, was ich sonst noch vorbringen könnte.

Philonous Und doch widerstrebt es dir, dich von deinem alten Vorurteil zu lösen. Damit dir das leichter falle, bitte ich dich, über das bereits Erörterte hinaus zu erwägen, ob du – gesetzt, Materie existierte – zu begreifen imstande wärest, wie es möglich sein soll, daß du von ihr affiziert wirst. Oder angenommen, sie existierte nicht, ob es nicht klarerweise der Fall sein könnte, daß dir dieselben Ideen gegeben wären wie jetzt und daß du infolgedessen genau dieselben Gründe hättest, an ihre Existenz zu glauben, die du jetzt haben kannst.

Hylas Ich erkenne die Möglichkeit an, daß wir alle Dinge genauso wie jetzt wahrnehmen könnten, auch wenn es keine Materie in der Welt gäbe; auch vermag ich nicht zu begreifen, wie Materie, wenn es sie gäbe, irgendeine Idee in unserem Geist hervorbringen sollte. Ferner räume ich ein, daß du mich völlig von der Unmöglichkeit überzeugt hast, daß es so etwas wie Materie in irgendeiner der angeführten Bedeutungen überhaupt gibt. Und doch kann ich nicht umhin anzunehmen, daß *Materie* in dem einen oder anderen Sinne existiert. In welchem, wage ich allerdings nicht zu bestimmen.

Philonous Ich erwarte nicht von dir, daß du die Natur dieses unbekannten Etwas genau erklärst. Nur sage mir bitte, ob es eine Substanz ist; und wenn ja, ob du imstande bist, eine Substanz ohne Akzidenzien anzunehmen; wenn du aber annimmst, daß sie Akzidenzien oder Qualitäten hat, so verrate mir bitte, was für Qualitäten das sind, zumindest aber, was es heißen soll, daß Materie diese trage.

Hylas Hierüber haben wir uns bereits auseinandergesetzt. Ich kann dem nichts hinzufügen. Um aber weiteren Fragen vorzubeugen, erkläre ich, daß ich gegenwärtig unter *Materie* weder Substanz noch Akzidens, weder denkendes noch ausgedehntes Seiendes, weder Ursache, Werkzeug noch Veranlassung, sondern etwas ganz und gar Unbekanntes, von all dem Verschiedenes verstehe.

6 **Philonous** Demnach scheinst du in deinen jetzigen Begriff der Materie nichts weiter als die allgemeine abstrakte Idee des *Seins* aufzunehmen.

Hylas Nichts weiter, außer daß ich zu dieser allgemeinen Idee noch die Negation all jener besonderen Dinge, Qualitäten oder Ideen hinzufüge, die ich wahrnehme, mir einbilde oder irgendwie sonst auffasse.

Philonous Und wo, bitte schön, glaubst du, soll diese unbekannte Materie existieren?

Hylas O Philonous! Jetzt, denkst du, bin ich dir ins Netz gegangen; denn wenn ich sage, daß sie an einem Ort existiert, so wirst du schließen, daß sie im Geist existiert; denn es steht fest, daß Ort oder Ausdehnung nur im Geist existiert; aber ich schäme mich nicht, meine Unwissenheit zu bekennen. Ich weiß nicht, wo sie existiert; sicher bin ich nur, daß sie an keinem Ort existiert. Da hast du eine negative Antwort. Und du darfst keine andere auf alle Fragen erwarten, die du sonst noch über die Materie stellen magst.

Philonous Da du mir nicht sagen willst, wo sie existiert, erkläre mir bitte, auf welche Weise sie deiner Ansicht nach existiert oder was du unter *Existenz* in ihrem Falle verstehst.

Hylas Weder denkt sie noch wirkt sie, noch nimmt sie wahr oder wird wahrgenommen.

Philonous Aber was ist dann Positives in deinem abstrakten Begriff ihre Existens enthalten?

Hylas Auch bei gründlicher Prüfung kann ich nicht feststellen, daß ich über einen positiven Begriff oder Bedeutungsgehalt verfüge. Ich sage dir noch einmal: Ich schäme mich nicht meiner Unwissenheit. Ich weiß weder, was unter *Existenz* in ihrem Falle zu verstehen ist, noch wie sie existiert.

Philonous Nun denn, lieber Hylas, fahre nur mit schöner Offenheit fort und sage mir rundheraus, ob du eine deutliche Idee des Seins im allgemeinen, abgesondert von allen und mit Ausschluß aller denkenden und körperlichen Wesen, aller Einzeldinge gleich welcher Art bilden kannst.

Hylas Moment, laß mich ein wenig nachdenken --- ich muß gestehen, Philonous, daß ich es nicht kann. Auf den ersten Blick schien es mir, als hätte ich einen schwachen, ungefähren Begriff des reinen Seins in abstracto; aber bei näherem Zusehen hat er sich ganz und gar verflüchtigt. Je mehr ich darüber nachdenke, desto mehr fühle ich mich in meinem vorsichtigen Entschluß bestärkt, nur negative Antworten zu geben und mir nicht im mindesten eine positive Erkenntnis oder Auffassung von Materie, ihrem *Wo*, ihrem *Wie*, ihrem *Sein*, oder was sonst noch dazugehören mag, anzumaßen.

Philonous Wenn du also von der Existenz der Materie sprichst, hast du keinerlei Begriff in deinem Geist.

Hylas Keinen.

Philonous Sage mir bitte, liegt der Fall nicht so: Im Glauben an eine materielle Substanz hast du zunächst postuliert, daß die unmittelbaren Gegenstände außerhalb des Geistes existieren, sodann ihre Urbilder, dann Ursachen, dann Werkzeuge, dann Gelegenheiten, schließlich *etwas im allgemeinen*, das sich bei genauer Betrachtung als *nichts* erweist. Materie läuft also auf nichts hinaus. Was meinst du, Hylas, ist das nicht ein angemessenes Resümee deines Vorgehens?

Hylas Wie dem auch sei, ich bestehe weiterhin darauf, daß unsere Unfähigkeit, eine Sache begrifflich zu erfassen, kein Beweis ihrer Nichtexistenz ist.

Philonous Ich gebe gern zu, daß aus einer Ursache, Wirkung, einem Vorgang, Anzeichen oder anderen Umstand vernunftgemäß auf das Dasein eines nicht unmittelbar wahrgenommenen Dinges geschlossen werden kann und daß es widersinnig wäre, wollte jemand aufgrund der Tatsache, daß er keinen direkten und positiven Begriff des Dinges hat, dessen Existenz in Abrede stellen. Wo aber nichts von alledem der Fall ist, wo weder Vernunft noch Offenbarung uns dazu bewegen, an die Existenz eines Dinges zu glauben; wo wir nicht einmal einen relativen Begriff davon haben; wo von Wahrnehmen und Wahrgenommenwerden, von Geist und Idee abstrahiert ist; wo schließlich nicht einmal auf die unvollkommenste und schwächste Idee Anspruch erhoben wird – da will ich freilich nichts wider die Wirklichkeit irgendeines Begriffs oder die Existenz irgendeines Dinges schließen, sondern lediglich folgern, daß du überhaupt nichts meinst, daß du Worte ohne Sinn und Zweck und bar jeder Bedeutung verwendest. Ich überlasse es dir zu erwägen, was mit leerem Geschwätz anzufangen ist.

Hylas Um die Wahrheit zu sagen, Philonous: deine Argumente mögen als solche nicht zu entkräften sein; aber ihre Wirkung auf mich ist nicht so machtvoll, daß sie jenes völlige Überzeugtsein, jene bereitwillige, tief innere Zustimmung hervorzurufen ver-
57 mögen, die mit einem Beweis einhergehen. Ich merke, daß ich nach wie vor in eine dunkle Vermutung von ich weiß nicht was zurücksinke – *Materie*.

Philonous Aber kannst du nicht einsehen, Hylas, daß zwei Dinge zusammenkommen müssen, um alle Bedenken zu beseitigen und uneingeschränkte Zustimmung im Geist zu bewirken? Mag ein sichtbarer Gegenstand in noch so helles Licht gesetzt sein – wenn eine Unvollkommenheit im Sehvermögen besteht oder das Auge nicht auf ihn gerichtet ist, so wird er nicht deutlich gesehen. Und kann man erwarten, daß der Verstand im Nu die Wahrheit eines denkbar gut begründeten und sachgemäß vorgebrachten Beweises erfaßt und festhält, wenn ihm der Makel des Vorurteils oder falscher Parteilichkeit anhaftet? Nein, da braucht es Zeit und Mühe. Die Aufmerksamkeit muß durch häufige Wiederholung derselben Sache, die oft in die gleiche, oft in verschiedene Beleuchtung zu setzen ist, geweckt und in Spannung gehalten werden. Ich habe es bereits gesagt, merke aber, daß ich es wiederholen und dir einschärfen muß: Du nimmst dir in unverantwortlicher Weise etwas heraus, wenn du eine Behauptung aufzustellen wagst, ohne zu wissen, was du behauptest, warum und wozu. Gibt es Vergleichbares irgendwo in Kunst und Wissenschaft, in irgendeiner Glaubensgemeinschaft oder Zunft? Oder findet sich etwas so augenfällig Unbegründetes und Unvernünftiges selbst in den primitivsten Formen sprachlicher Verständigung? Aber vielleicht wirst du sagen, Materie könnte existieren, auch wenn du zugleich nicht weißt, was unter *Materie*, noch was unter deren *Existenz* zu verstehen ist. Das verblüfft in der Tat und zwar um so mehr, als du aus völlig freien Stücken und ohne jeden Vernunftgrund zu dieser Annahme gelangst; denn ich fordere dich auf, mir das Ding in der Natur zu zeigen, das zu seiner Erklärung oder Rechtfertigung der Materie bedarf.

Hylas Ohne die Existenz der Materie anzunehmen, kann die Wirklichkeit der Dinge nicht aufrechterhalten werden. Und ist das nicht ein guter Grund, es mit ihrer Verteidigung ernst zu nehmen?

Philonous Die Wirklichkeit der Dinge! Welcher Dinge, sinnlich wahrnehmbarer oder verstandesmäßiger?

Hylas Sinnendinge meine ich.

Philonous Meinen Handschuh zum Beispiel?

Hylas Ihn oder irgendein anderes durch die Sinne wahrgenommenes Ding.

Philonous Nehmen wir ein bestimmtes Ding als Beispiel. Wird mir die Existenz dieses *Handschuhs* nicht hinreichend dadurch bezeugt, daß ich ihn sehe und taste und trage? Wenn aber das nicht genügt, wie sollte ich der Wirklichkeit dieses Dinges, das ich hier jetzt sehe, dadurch versichert sein, daß ich annehme, ein unbekanntes Etwas, das ich weder gesehen habe noch sehen kann, existiere auf unbekannte Weise, an unbekanntem Ort oder an gar keinem Ort? Wie kann die angenommene Wirklichkeit von etwas, das nicht getastet, nicht gesehen oder, ganz allgemein, das nicht wahrgenommen werden kann, einen Beweis dafür abgeben, daß etwas Tastbares, Sichtbares oder überhaupt etwas Wahrnehmbares wirklich existiert? Wenn du mir das erklärst, glaube ich, daß dir nichts unmöglich ist.

Hylas Alles in allem räume ich ein, daß die Existenz der Materie im höchsten Grade unwahrscheinlich ist. Aber ihre direkte und absolute Unmöglichkeit vermag ich nicht einzusehen.

Philonous Wollte man die Möglichkeit der Materie zugestehen, so könnte sie unter dieser Voraussetzung keinen stärkeren Anspruch auf Existenz erheben als ein goldener Berg oder ein Zentaur.

Hylas Zugegeben. Immerhin stellst du die Möglichkeit nicht in Abrede. Und was möglich ist, kann, wie du weißt, existieren.

Philonous Ich bestreite durchaus die Möglichkeit; und wenn ich nicht irre, habe ich aus deinen eigenen Zugeständnissen schlüssig bewiesen, daß sie unmöglich ist. Bezeichnet das Wort *Materie* seiner gängigen Bedeutung nach etwas anderes als eine ausgedehnte, feste, gestaltete, bewegliche Substanz, die außerhalb des Geistes existiert? Und hast du nicht wieder und wieder bestätigt, daß dir die Leugnung der Möglichkeit einer solchen Substanz zwingend begründet zu sein scheint?

Hylas Richtig; doch das ist nur *eine* Bedeutung des Ausdrucks *Materie*.

Philonous Aber ist es nicht die einzig authentische und anerkannte Bedeutung? Und wenn Materie in diesem Sinne als unmöglich erwiesen ist, dürfen wir dann nicht mit guten Gründen annehmen, daß sie absolut unmöglich ist? Wie anders sollte denn ein Unmöglichkeitsbeweis geführt werden? Und wie kann, so oder so, demjenigen überhaupt etwas bewiesen werden, der sich die Freiheit nimmt, am Sprachgebrauch zu rütteln und die Bedeutung der Wörter zu verändern?

Hylas Ich dachte, Philosophen hätten das Recht, sich genauer auszudrücken als die Menge, und wären nicht immer an die übliche Verwendungsweise eines Ausdrucks gebunden.

Philonous Aber die eben erwähnte Bedeutung ist die unter Philosophen anerkannte Bedeutung. Doch gleichviel; war es dir nicht gestattet, unter Materie zu verstehen, was immer du willst? Und hast du nicht von dieser Lizenz im Übermaß Gebrauch gemacht, indem du das Wort bald völlig neu definiert, bald aus seiner Bedeutung etwas weggelassen, bald sie erweitert hast, wie es im Augenblick deinen Absichten am besten entsprach, im Gegensatz zu allen bekannten Regeln der Vernunft und Logik? Wurde nicht durch diese unstete, regelwidrige Art und Weise unsere Auseinandersetzung unnötig in die Länge gezogen, indem die Materie in jeder der angegebenen Bedeutungen sorgfältig geprüft und durch deine eigenen Zugeständnisse widerlegt wurde? Und was in aller Welt kann zum Beweis der absoluten Unmöglichkeit einer Sache mehr verlangt werden, als daß ihre Unmöglichkeit in jeder Bedeutung, in der sie von dir oder sonst jemandem aufgefaßt werden mag, bewiesen wird?

Hylas Aber ich bin doch nicht restlos überzeugt, daß du die Unmöglichkeit der Materie in der zuletzt genannten, dunkelsten, abstraktesten und unbestimmtesten Bedeutung bewiesen hast?

Philonous Wann hat man die Unmöglichkeit einer Sache bewiesen?

Hylas Wenn man gezeigt hat, daß die in ihrer Definition enthaltenen Ideen einander widersprechen.

Philonous Wo es keine Ideen gibt, kann somit kein Widerspruch zwischen Ideen nachgewiesen werden.

Hylas Einverstanden.

Philonous Nun ist nach deinem eigenen Bekunden klar, daß das Wort *Materie* in der von dir so genannten dunklen unbestimmten Bedeutung überhaupt keine Idee einschließt, nichts außer einer unbekannten Bedeutung, was so viel besagt wie gar keine. Du kannst daher nicht erwarten, daß ich einen Widerspruch zwischen Ideen aufzeige, wo keine Ideen sind, oder die Unmöglichkeit von Materie in *unbekannter* Bedeutung, d.h. in gar keiner beweise. Mir kam es nur darauf an zu zeigen, daß du *nichts* gemeint hast; und das mußtest du zugeben. So hat sich bei all den verschiedenen Bedeutungen gezeigt, daß du entweder überhaupt nichts meinst oder, wenn etwas, dann etwas Widersinniges. Wenn aber das nicht hinreicht, die Unmöglichkeit einer Sache zu beweisen, so teile mir bitte mit, was sonst.

Hylas Ich erkenne an, daß du die Unmöglichkeit der Materie bewiesen hast, und wüßte auch nicht, was sich sonst noch zu ihrer Verteidigung sagen ließe. Aber indem ich sie preisgebe, beschleicht mich Argwohn gegenüber allen meinen anderen Begriffen. Denn gewiß konnte keiner dem Anschein nach klarer und deutlicher sein als ehedem jener, der jetzt so falsch und widersinnig erscheint, wie er zuvor wahr zu sein schien. Doch ich denke, wir haben die Sache für den Moment genügend erörtert. Den Rest des Tages möchte ich damit zubringen, die Hauptpunkte unserer morgendlichen Unterhaltung zu überdenken, und es wäre mir lieb, wenn ich dich morgen um dieselbe Zeit hier wieder treffen könnte.

Philonous Ich werde bestimmt zur Stelle sein.

DRITTER DIALOG

Philonous Nun, Hylas, was sind die Ergebnisse deiner gestrigen Betrachtungen? Haben sie dich in der Ansicht, die du beim Abschied hattest, bestärkt? Oder wurdest du seitdem veranlaßt, deine Meinung zu ändern?

Hylas Um die Wahrheit zu sagen: Meine Meinung ist, daß alle unsere Meinungen gleichermaßen eitel und ungewiß sind. Was wir heute billigen, verurteilen wir morgen. Wir machen viel Aufhebens von der Erkenntnis und verbringen unser Leben damit, nach ihr zu streben, und erkennen doch leider die ganze Zeit gar nichts; auch halte ich es für unmöglich, daß wir jemals in diesem Leben überhaupt etwas erkennen. Unsere Fähigkeiten sind zu beschränkt, und es sind ihrer zu wenige. Die Natur hat uns gewiß nicht zur Forschung bestimmt.

Philonous Wie? Du sagst, wir können nichts erkennen, Hylas?

Hylas Es gibt nicht ein einziges Ding in der Welt, dessen wirkliche Natur, oder was es an sich selbst ist, wir erkennen können.

Philonous Willst du mir weismachen, ich würde nicht wirklich erkennen, was Feuer oder Wasser ist?

58 **Hylas** Du magst allerdings erkennen, daß Feuer heiß erscheint und Wasser flüssig; aber das heißt nur erkennen, welche Empfindungen in deinem Geist hervorgerufen werden, wenn Feuer und Wasser mit deinen Sinnesorganen in Berührung kommen. Ihre innere Verfassung, ihre wahre und wirkliche Natur aber liegt für dich völlig im Dunkeln.

Philonous Erkenne ich nicht, daß dies ein wirklicher Stein ist, auf dem ich stehe, und das, was ich vor meinen Augen sehe, ein wirklicher Baum?

Hylas *Erkennen*? Nein, unmöglich kannst du oder irgendein lebender Mensch es erkennen. Alles, was du erkennst, ist, daß du solch eine bestimmte Idee oder Erscheinung in deinem Geist hast. Aber was ist das gegen den wirklichen Stein oder Baum?

Ich sage dir, Farbe, Gestalt und Härte, die du wahrnimmst, sind nicht die wirkliche Natur der Dinge oder ihr im mindesten ähnlich. Dasselbe kann von allen anderen wirklichen Dingen oder körperlichen Substanzen, aus denen sich die Welt zusammensetzt, gesagt werden. Keine hat an sich selbst irgendeine Ähnlichkeit mit jenen sinnlichen Qualitäten, die wir wahrnehmen. Wir sollten uns daher nicht anmaßen, was sie ihrer eigenen Natur nach sind, irgendwie bestimmen oder erkennen zu können.

Philonous Aber, Hylas, ich kann doch gewiß Gold z. B. von Eisen unterscheiden, und wie wäre das möglich, wenn ich nicht erkennen würde, was jedes tatsächlich ist?

Hylas Glaube mir, Philonous, du kannst nur zwischen deinen eigenen Ideen unterscheiden. Meinst du, daß dieses Gelb, dieses Gewicht und andere sinnliche Qualitäten wirklich im Gold sind? Sie existieren nur in Beziehung auf die Sinne und haben kein absolutes Dasein in der Natur. Und wenn du dich anheischig machst, die Arten wirklicher Dinge nach den Erscheinungen in deinem Geist zu unterscheiden, so handelst du vielleicht so klug wie einer, der schließen würde, zwei Menschen wären darum artverschieden, weil ihre Kleider nicht dieselbe Farbe haben.

Philonous Es scheint demnach, daß wir uns ganz und gar mit den Erscheinungen der Dinge, die zudem noch falsch sind, begnügen müssen. Selbst das Fleisch, das ich esse, das Kleid, das ich trage, haben nichts in sich, das dem, was ich sehe und taste, gleich wäre.

Hylas So ist es.

Philonous Aber ist es nicht seltsam, daß die ganze Welt in dieser Weise hinters Licht geführt werden sollte und so töricht wäre, ihren Sinnen zu glauben? Irgendwie macht es mich stutzig: Die Menschen essen, trinken und schlafen und verrichten alle Tätigkeiten des Lebens so behaglich und bequem, als ob sie wirklich die Dinge kennen würden, mit denen sie umgehen.

Hylas Das tun sie; aber du weißt ja, das praktische Leben verlangt keine höhere theoretische Erkenntnis. Daher bleibt die Menge ihren Irrtümern treu und bringt es trotzdem fertig, sich im Gewühl der alltäglichen Angelegenheiten zurechtzufinden. Philosophen hingegen wissen es besser.

Philonous Du meinst, sie wissen, daß sie *nichts wissen*.

Hylas Das ist der Gipfel und die Vollendung menschlicher Erkenntnis.

Philonous Aber ist das wirklich dein Ernst, Hylas? Bist du tatsächlich überzeugt, daß du nichts Reales in der Welt erkennst? Nimm an, du wolltest schreiben; würdest du nicht wie jeder andere auch nach Feder, Tinte und Papier verlangen, und weißt du nicht genau, was du verlangst?

Hylas Wie oft muß ich dir sagen, daß ich die wirkliche Natur keines einzigen Dinges im Universum erkenne? Ich gebrauche allerdings gelegentlich Feder, Tinte und Papier. Aber ich erkläre mit aller Bestimmtheit, daß ich nicht das geringste über deren eigene wahre Natur weiß. Und das gleiche gilt von allen anderen körperlichen Dingen. Ja, mehr noch, wir sind in Unkenntnis nicht nur der wahren und wirklichen Natur der Dinge, sondern sogar ihrer Existenz. Unbestritten ist, daß wir bestimmte Erscheinungen oder Ideen wahrnehmen; aber daraus kann nicht geschlossen werden, daß Körper real existieren. Nein, wenn ich es jetzt recht bedenke, so muß ich in Übereinstimmung mit meinen früheren Einräumungen sogar erklären, daß unmöglich irgendein reales körperliches Ding in der Natur existieren kann.

Philonous Du setzt mich in Erstaunen. Hat es jemals seltsamere und überspanntere Ansichten gegeben als die, die du jetzt vertrittst, und ist nicht sonnenklar, daß du in all diese Überspanntheiten durch den Glauben an eine *materielle Substanz* geraten bist? Er läßt dich von jenen unbekannten Naturen in allen Dingen träumen. Aus ihm entspringt deine Unterscheidung zwischen Wirklichkeit und sinnlicher Erscheinung der Dinge. Ihm ist deine Unwissenheit alles dessen geschuldet, was jedermann sonst vollkommen begreift. Aber damit nicht genug: Deine Unwissenheit bezieht sich nicht nur auf die wahre Natur der Dinge, sondern du weißt nicht einmal, ob irgend etwas wirklich existiert und ob es überhaupt wahre Naturen gibt; denn du schreibst deinem materiellen Seienden ein absolutes oder äußeres Dasein zu, und darin besteht, wie du annimmst, seine Wirklichkeit. Und da du am Ende anerkennen mußt, daß eine solche Existenzannahme entweder einen offenen Widerspruch einschließt oder gar nichts bedeutet, so bist du infolgedessen genötigt, deine eigene Hypothese einer materiellen Substanz fallen zu lassen und mit Bestimmtheit das wirkliche Dasein eines jeden Teils der Welt zu bestreiten. Und so versinkst du im denkbar tiefsten und kläglichsten *Skeptizismus*. Ist es nicht so, Hylas?

Hylas Ich muß dir zustimmen. Die *materielle Substanz* war nur eine Hypothese, und noch dazu eine falsche und unbegründete. Ich will mich nicht mehr mit ihrer Verteidigung abgeben. Aber welche Hypothese du auch aufstellen oder welches System der Dinge du statt ihrer befürworten magst – ich zweifle nicht, daß all das keinen Deut weniger falsch erscheinen wird, wenn du mir nur gestattest, dir dazu Fragen zu stellen. Das heißt: Erlaube mir, den Spieß umzudrehen, und ich garantiere dir, daß es dir, was Wirrnisse und Widersprüche betrifft, nicht anders ergehen wird und du zuletzt dem Skeptizismus ebenso verfallen sein wirst wie ich gegenwärtig.

Philonous Ich versichere dir, Hylas, ich erhebe nicht den Anspruch, irgendeine Hypothese aufzustellen. Ich bin aus gewöhnlichem Holz geschnitzt, einfältig genug, meinen Sinnen zu trauen und die Dinge zu lassen, wie ich sie finde. Um das Kind beim Namen zu nennen: Ich bin der Meinung, daß die wirklichen Dinge eben jene Dinge sind, die ich sehe und taste und mit meinen Sinnen wahrnehme. Diese kenne ich, und da ich feststelle, daß sie allen Bedürfnissen und Zwecken des Lebens genügen, habe ich keinen Grund, hinter irgendwelchen anderen unbekannten Entitäten her zu sein. Ein Stück sinnlich wahrnehmbares Brot zum Beispiel würde meinen Hunger besser stillen als das Zehntausendfache jenes nicht wahrnehmbaren, unbegreiflichen, wirklichen Brotes, von dem du redest. Ich bin gleichermaßen der Meinung, daß Farben und andere sinnliche Qualitäten an den Gegenständen sind. Ich kann mich für mein Leben nicht des Glaubens entschlagen, daß Schnee weiß und Feuer heiß ist. Du freilich, der unter *Schnee* und *Feuer* gewisse äußere, unwahr-

genommene und nicht wahrnehmende Substanzen verstehst, hast recht, wenn du bestreitest, daß Weiße oder Hitze ihnen als Affektionen innewohnen. Ich aber, für den diese Wörter die Dinge bedeuten, die ich sehe und taste, bin genötigt, wie alle Welt zu denken. Und so wie ich kein Skeptiker bin hinsichtlich der Natur der Dinge, bin ich es auch nicht mit Bezug auf ihre Existenz. Daß ein Ding wirklich durch meine Sinne wahrgenommen werden und zugleich nicht wirklich existieren sollte, ist für mich ein eklatanter Widerspruch; denn ich kann nicht einmal in Gedanken die Existenz eines sinnlich wahrnehmbaren Dinges von seinem Wahrgenommenwerden trennen oder abstrahieren. Holz, Steine, Feuer, Wasser, Fleisch, Eisen und dergleichen Dinge, die ich mit Namen nenne und über die ich spreche, sind
9 mir bekannte Dinge. Und ich wäre nicht zu ihrer Kenntnis gelangt, hätte ich sie nicht mit meinen Sinnen wahrgenommen. Dinge, die mit den Sinnen wahrgenommen werden, werden unmittelbar wahrgenommen; unmittelbar wahrgenommene Dinge sind Ideen; Ideen können nicht außerhalb des Geistes existieren; ihre Existenz besteht somit im Wahrgenommenwerden; wenn sie also aktual wahrgenommen werden, kann ihre Existenz nicht zweifelhaft sein. Fort denn mit all dem Skeptizismus, mit all den lächerlichen philosophischen Zweifeln. Welche Posse ist es doch, wenn ein Philosoph die Existenz der sinnlichen Dinge in Zweifel
0 zieht, bis sie ihm aus der Wahrhaftigkeit Gottes bewiesen wird; oder wenn er vorgibt, unser Erkenntnis bleibe in diesem Punkt hinter Intuition oder Beweis zurück. Ich könnte ebensogut an meinem eigenen Sein zweifeln wie am Sein jener Dinge, die ich eben jetzt sehe und taste.

Hylas Nicht so schnell, Philonous. Du sagst, du könntest nicht begreifen, wie Sinnendinge außerhalb des Geistes existieren sollten, nicht wahr?

Philonous In der Tat.

Hylas Nimm an, du würdest vernichtet. Kannst du es nicht als möglich denken, daß sinnlich wahrnehmbare Dinge weiter existieren?

Philonous Allerdings. Aber dann muß es in einem anderen Geist sein. Wenn ich Sinnendingen ein Dasein außerhalb des Geistes abspreche, dann meine ich nicht meinen besonderen Geist, sondern alle Geister. Nun ist offenkundig, daß die Dinge ein Dasein außerhalb meines Geistes haben; denn ich weiß aus Erfahrung, daß sie unabhängig von ihm sind. Es gibt daher einen anderen Geist, in welchem sie in den Intervallen zwischen meinen Wahrnehmungen existieren, wie sie es auch vor meiner Geburt taten und nach meiner angenommenen Vernichtung tun würden. Und da dasselbe für alle endlichen geschaffenen Seelenwesen gilt, so folgt daraus mit Notwendigkeit, daß es einen *allgegenwärtigen ewigen Geist* gibt, der alle Dinge kennt und begreift und uns ihrer ansichtig werden läßt, auf eine Weise und nach Regeln, die er selbst bestimmt hat und die wir *Naturgesetze* nennen.

Hylas Sag mir, Philonous, sind alle unsere Ideen vollständig untätige Entitäten oder ist irgendeine wirkende Kraft in ihnen enthalten?

Philonous Sie sind ganz und gar passiv und träge.

Hylas Und ist nicht Gott ein handelndes, ein rein aktives Wesen?

Philonous Durchaus.

Hylas Keine Idee kann somit dem Wesen Gottes gleichen oder dasselbe repräsentieren.

Philonous Freilich nicht.

Hylas Wenn du aber keine Idee vom Geist Gottes hast, wie kannst du es dann als möglich begreifen, daß Dinge in seinem Geist existieren? Und wenn du den Geist Gottes begreifen kannst, ohne eine Idee von ihm zu besitzen, wieso soll ich dann nicht die Existenz der Materie begreifen können, obgleich ich keine Idee von ihr habe?

Philonous Was deine erste Frage angeht, so räume ich ein, daß ich im strengen Sinne weder von Gott noch von einem anderen Seelenwesen eine Idee habe; denn da sie tätig sind, können sie nicht durch vollkommen träge Dinge wie unsere Ideen repräsentiert werden. Dennoch weiß ich, daß ich, der ich ein Seelenwesen oder eine geistige Substanz bin, so gewiß existiere, wie ich weiß, daß meine Ideen existieren. Ferner weiß ich, was ich mit

den Ausdrücken *Ich* und *Selbst* meine; ich erfasse es unmittelbar oder intuitiv, obschon ich es nicht so wahrnehme wie ein Dreieck, eine Farbe oder einen Ton. Der Geist, das Seelenwesen oder die Seele ist jenes unteilbare, unausgedehnte Etwas, das denkt, handelt und wahrnimmt. Ich sage *unteilbar*, weil unausgedehnt; und *unausgedehnt*, weil ausgedehnte, gestaltete, bewegliche Dinge Ideen sind; und das, was Ideen wahrnimmt, denkt und will, ist klarerweise selbst keine Idee noch einer Idee ähnlich. Ideen sind untätige und wahrgenommene Dinge, und Seelenwesen sind eine davon schlechthin verschiedene Art von Entitäten. Daher sage ich nicht, meine Seele sei eine Idee oder einer Idee ähnlich. Immerhin, wenn man das Wort *Idee* in einem weiten Sinne gebraucht, kann man sagen, meine Seele gebe mir eine Idee, d. h. ein Bild oder Gleichnis Gottes, wiewohl freilich ein äußerst unzulängliches. Denn meinen Begriff von Gott gewinne ich gänzlich durch Reflexion auf meine eigene Seele, indem ich
62 deren Vermögen steigere und ihre Unvollkommenheiten weglasse. Daher habe ich, wenn auch keine untätige Idee, so doch in mir selbst eine Art aktives denkendes Abbild der Gottheit. Und obschon ich Gott nicht durch die Sinne wahrnehme, so habe ich doch einen Begriff von ihm oder erkenne ihn durch Nachdenken und vernünftige Überlegung. Von meinem eigenen Geist und meinen eigenen Ideen habe ich unmittelbare Kenntnis, und durch sie erfasse ich mittelbar die Möglichkeit der Existenz anderer Seelenwesen und Ideen. Aus meinem eigenen Sein und aus der Abhängigkeit, die ich in mir und in meinen Ideen entdekke, schließe ich sodann durch Vernunft mit Notwendigkeit auf das Dasein eines Gottes und aller geschaffenen Dinge im Geist Gottes. Soviel zu deiner ersten Frage. Was die zweite betrifft, so kannst du sie dir, nehme ich an, jetzt selbst beantworten. Denn weder nimmst du die Materie gegenständlich wahr, wie es bei einem untätigen Wesen oder einer Idee der Fall ist, noch erkennst du sie wie dich selbst durch Reflexion, noch erfaßt du sie mittelbar durch ihre Ähnlichkeit mit dem einen oder dem anderen, noch leitest du sie vernunftgemäß aus dem unmittelbar Erkannten ab. All das begründet einen fundamentalen Unter-

schied zwischen der Frage der *Materie* und der Frage der *Gottheit.*

Hylas [Du sagst, deine eigenen Seele gebe dir eine Art Idee oder Abbild Gottes. Aber zugleich räumst du ein, daß du streng genommen keine Idee deiner eigenen Seele hast. Du erklärst sogar, Seelenwesen seien von Ideen schlechthin verschieden. Folglich kann keine Idee einem Seelenwesen ähnlich sein. Wir haben somit keine Idee eines Seelenwesens. Aber eine geistige Substanz läßt du gelten, obwohl du keine Idee einer solchen hast, während du bestreitest, daß es etwas wie materielle Substanz geben kann, weil du weder Begriff noch Idee davon hast. Heißt das nicht mit zweierlei Maß messen? Wenn du konsequent sein willst, mußt du entweder die materielle Substanz zulassen oder die geistige verwerfen. Was sagst du dazu?

Philonous Ich sage erstens, daß ich die Existenz einer materiellen Substanz nicht bloß darum leugne, weil ich keinen Begriff von ihr habe, sondern weil der Begriff von ihr inkonsistent ist oder, anders gesagt, weil es ein Widerspruch in sich ist, daß es überhaupt einen Begriff von ihr geben sollte. Nach allem, was ich weiß, können viele Dinge existieren, von denen weder ich noch sonst ein Mensch eine Idee oder einen Begriff welcher Art auch immer hat oder haben kann. Aber diese Dinge müssen möglich sein, d.h. ihre Definition darf keinen Widerspruch enthalten. Zweitens sage ich: obgleich wir an die Existenz von Dingen glauben, die wir nicht wahrnehmen, so dürfen wir doch nicht glauben, irgendein besonderes Ding existiere, ohne einen Grund für solchen Glauben; für den Glauben an die Existenz von Materie aber habe ich keinen Grund. Ich habe keine unmittelbare Anschauung davon, noch vermag ich mittelbar aus meinen Empfindungen, Ideen, Begriffen, Handlungen oder Gemütsbewegungen auf eine ungeistige, nicht wahrnehmende, untätige Substanz zu schließen – weder durch wahrscheinliche Ableitung noch durch notwendige Folgerung. Das Dasein meines Ich hingegen, d.h. meiner eigenen Seele, meines Geistes oder des denkenden Prinzips in mir erkenne ich mit Evidenz durch Selbstwahrnehmung (reflexion). Du mußt entschuldigen, wenn ich dieselben

Dinge als Antwort auf dieselben Einwände wiederhole. Der Begriff als solcher oder die Definition einer materiellen Substanz
enthält einen offenkundigen Widerspruch oder ist inkonsistent;
vom Begriff einer Seelensubstanz kann man das jedoch nicht sagen. Daß Ideen in etwas Nichtwahrnehmendem existieren oder
durch etwas, das nicht tätig ist, hervorgebracht werden sollten,
ist ein Widerspruch. Aber es ist kein Widerspruch zu sagen, daß
ein wahrnehmendes Ding der Träger von Ideen oder ein wirken-
des Ding ihre Ursache ist. Es ist unstrittig, daß uns die Existenz
anderer endlicher Seelenwesen weder unmittelbar bezeugt noch
durch demonstrative Beweisführung verbürgt ist. Aber daraus
folgt nicht, daß es sich mit solchen Seelenwesen ebenso verhält
wie mit materiellen Substanzen; denn diese anzunehmen ist inkonsistent, nicht so aber die Annahme jener; die einen können
durch keinen Beweisgrund erschlossen werden, dagegen besteht
63 Wahrscheinlichkeit für die anderen; wir sehen Zeichen und Wirkungen, die auf bestimmte endliche handelnde Wesen, wie wir
es sind, hindeuten, und sehen keinerlei Zeichen oder Sympto-
me, die zu einem vernünftigen Glauben an Materie führen. Zum
Schluß sage ich, daß ich einen Begriff von einem Seelenwesen
habe, wenn auch streng genommen keine Idee eines solchen. Ich
nehme es nicht als Idee oder mit Hilfe einer Idee wahr, sondern
erkenne es durch Selbstwahrnehmung.

Hylas Trotz allem, was du gesagt hast, scheint es mir eine Konsequenz deiner Denkweise und deiner Grundsätze zu sein, daß du nur ein System wogender Ideen bist ohne irgendeine Substanz als deren Träger. Worte dürfen nicht ohne Sinn gebraucht werden, und da der Seelensubstanz nicht mehr Sinn abzugewinnen ist als der materiellen Substanz, muß die eine so gut wie die andere verworfen werden.

Philonous Wie oft muß ich wiederholen, daß ich Kenntnis oder
Bewußtsein von meinem eigenen Sein habe und daß ich selbst
64 nicht meine Ideen bin, sondern etwas anderes, nämlich ein gei-
stiges tätiges Prinzip, das wahrnimmt, erkennt, will und mit
Ideen operiert. Ich weiß, daß ich, ein und derselbe, Farben und
Töne wahrnehme, daß eine Farbe keinen Ton, noch ein Ton

eine Farbe wahrnehmen kann, daß ich folglich ein einziges individuelles Prinzip bin, verschieden von Farbe und Ton und aus demselben Grunde von allen übrigen sinnlichen Dingen und untätigen Ideen. Aber ich bin mir nicht in gleicher Weise sei es der Existenz, sei es des Wesens der Materie bewußt. Ich weiß vielmehr, daß in sich Widersprüchliches nicht existieren kann und daß die Existenz der Materie einen Widerspruch einschließt. Weiter weiß ich, was ich mit der Behauptung meine, daß es eine Seelensubstanz oder einen Träger von Ideen gibt, nämlich daß ein Seelenwesen erkennt und Ideen wahrnimmt. Aber ich weiß nicht, was es heißen soll, Ideen oder Urbilder von Ideen seien einer nichtwahrnehmenden Substanz als ihrem Träger inhärent. Daher verhält es sich alles in allem mit der Seelensubstanz ganz anders als mit der Materie.] 65

Hylas Ich bin in diesem Punkt überzeugt. Aber glaubst du im Ernst, das reale Dasein der Sinnendinge bestehe darin, daß sie wahrgenommen werden? Wenn dem so wäre, wie kommt es dann, daß alle Welt beides unterscheidet? Frage den ersten besten, und er wird dir sagen: *Wahrgenommenwerden* ist eine Sache, *Existenz* eine andere.

Philonous Es genügt mir, Hylas, mich für die Wahrheit meiner Ansicht auf den gesunden Menschenverstand berufen zu können. Frage den Gärtner, warum er glaubt, daß der Kirschbaum im Garten dort drüben existiert, und er wird dir sagen, weil er ihn sieht und tastet; mit einem Wort: weil er ihn mit den Sinnen wahrnimmt. Frage ihn, weshalb er glaubt, daß sich dort kein Orangenbaum befindet, und er wird dir antworten: weil er keinen wahrnimmt. Was er sinnlich wahrnimmt, das bezeichnet er als etwas Reales und sagt, daß es *ist* oder *existiert*; was aber nicht wahrnehmbar ist, von dem sagt er, daß es kein Sein hat.

Hylas Jawohl, Philonous, ich gebe zu, daß die Existenz eines sinnlichen Dinges darin besteht, wahrnehmbar zu sein, aber nicht darin, aktual wahrgenommen zu werden.

Philonous Und was ist wahrnehmbar außer einer Idee? Und kann eine Idee existieren, ohne aktual wahrgenommen zu werden? In diesen Fragen haben wir uns doch längst geeinigt.

Hylas Mag deine Meinung auch noch so wahr sein, du wirst gewiß nicht bestreiten wollen, daß sie Anstoß erregt und dem gesunden Menschenverstand widerstreitet. Frag irgend jemanden, ob der Baum da drüben außerhalb seines Geistes existiert; was, meinst du wohl, wird er antworten?

Philonous Genau dasselbe, was auch ich antworten würde: daß er
außerhalb seines Geistes existiert. Aber bei einem Christen kann
es doch gewiß keinen Anstoß erregen, wenn es heißt, der wirkliche, außerhalb seines Geistes existierende Baum werde wahrhaft
erkannt und aufgefaßt vom (d.h. *existiere im*) unendlichen Geist
Gottes. Wahrscheinlich ist er sich nicht auf den ersten Blick
6 des direkten und unmittelbaren Beweises hierfür bewußt, der
darin liegt, daß das bloße Dasein eines Baumes oder eines anderen Sinnendinges einen Geist voraussetzt, in dem es besteht.
Aber die Sache selbst kann er nicht bestreiten. Die Streitfrage
zwischen den Materialisten und mir ist nicht, ob die Dinge ein
7 reales Dasein außerhalb des Geistes dieser oder jener Person haben, sondern ab sie ein absolutes Dasein haben, verschieden vom
Wahrgenommenwerden durch Gott und außerhalb aller Geister.
Einige Heiden und Philosophen haben das in der Tat behauptet;
doch wer eine Gottesauffassung vertritt, die mit der Heiligen
Schrift in Einklang steht, wird anderer Meinung sein.

Hylas Worin besteht aber nach deinen Begriffen der Unterschied zwischen wirklichen Dingen und Schimären der Einbildungskraft oder Traumerscheinungen, da sie alle gleichermaßen im Geist sind?

Philonous Die Ideen der Einbildungskraft sind schwach und unbestimmt, und sie hängen überdies völlig vom Willen ab. Die sinnlich wahrgenommenen Ideen hingegen, d.h. die wirklichen Dinge, sind lebhafter und klarer, und indem sie dem Geist durch ein von uns verschiedenes Seelenwesen eingeprägt werden, hängen sie nicht in gleicher Weise von unserem Willen ab. Es besteht daher keine Gefahr, sie mit jenen zu verwechseln; und ebensowenig droht Verwechslung mit den Erscheinungen eines Traumes, die trübe, regellos und verworren sind. Und sollten sie auch zufällig noch so lebhaft und natürlich sein, so sind sie doch dadurch, daß sie nicht bruchlos mit den vorhergehenden und folgenden Ereignissen unseres Lebens zusammenhängen, vom Wirklichen leicht zu unterscheiden. Kurz, jedes Verfahren, nach dem du gemäß deiner Anschauungsweise *Dinge* von *Schimären* unterscheidest, wird gemäß meiner offenkundig dasselbe leisten. Denn die Unterscheidung muß, wie ich annehme, auf Wahrnehmung beruhen, und ich möchte dich nicht einer einzigen Sache, die du wahrnimmst, berauben.

Hylas Immerhin, Philonous, behauptest du, daß es in der Welt nichts als Seelenwesen und Ideen gibt. Und du mußt zugeben, daß das sehr absonderlich klingt.

Philonous Ich räume ein, daß das Wort *Idee*, das ja gewöhnlich nicht anstelle von *Ding* gebraucht wird, etwas ausgefallen klingt. Der Grund, weshalb ich es gebrauche, ist, daß dieser Ausdruck nach allgemeinem Verständnis eine notwendige Beziehung zum Geist impliziert. Auch gebrauchen ihn jetzt durchwegs die Philosophen, um die unmittelbaren Objekte des Verstandes zu bezeichnen. Wie seltsam aber auch der Satz dem Wortlaut nach klingen mag, so enthält er doch seinem Sinn nach gar nichts so Seltsames oder Anstoß Erregendes; tatsächlich besagt er nicht mehr und nichts anderes, als daß es nur wahrnehmende Dinge und wahrgenommene Dinge gibt oder daß jedes nichtdenkende Seiende notwendig und allein aufgrund der Natur seines Daseins von einem Geist wahrgenommen wird, wenn nicht von einem endlichen erschaffenen Geist, so doch ganz sicher vom unendlichen Geist Gottes, in dem *wir leben, weben und sind*. Ist das genauso befremdlich wie die Behauptung, die sinnlichen Qualitäten seien nicht an den Gegenständen selbst oder wir könnten der Existenz der Dinge nicht gewiß sein oder nichts von ihrer wahren Natur wissen – obwohl wir sie sehen und tasten und mit allen unseren Sinnen wahrnehmen?

Hylas Aber müssen wir denn nicht als Konsequenz hieraus annehmen, daß es nichts dergleichen wie physische oder körperliche Ursachen gibt, sondern daß ein Seelenwesen die unmittelbare Ursache aller Erscheinungen in der Natur ist? Und kann es etwas Überspannteres geben?

Philonous Ja. Es ist unendlich viel überspannter zu behaupten, ein Ding, das untätig ist, wirke auf den Geist, ein nicht wahrnehmendes Ding sei die Ursache unserer Wahrnehmungen – [ohne jede Rücksicht auf Folgerichtigkeit oder das alte bekannte Axi-
70 om: Nichts kann einem anderen etwas geben, was es selbst nicht besitzt]. Überdies ist das, was dir, ich weiß nicht aus welchem Grunde, so überspannt scheint, nichts anderes, als was die Heilige Schrift an Hunderten von Stellen erklärt. Dort wird Gott als der alleinige und unmittelbare Urheber aller jener Wirkungen vorgestellt, die einige Heiden und Philosophen der Natur, Materie, dem Schicksal oder sonst einem ungeistigen Prinzip zuzuschreiben pflegen. Das ist so sehr der Tenor der Schrift, daß es sich erübrigt, Belegstellen anzuführen.

Hylas Du bist dir wohl nicht bewußt, Philonous, daß, wenn du Gott zum unmittelbaren Urheber aller Vorgänge in der Natur machst, du ihn auch zum Urheber von Mord, Gotteslästerung,
71 Ehebruch und ähnlichen abscheulichen Sünden machst.

Philonous Darauf bemerke ich zunächst, daß die Schuld die gleiche bleibt, einerlei ob jemand eine Handlung mit oder ohne Werkzeug ausführt. Falls du also annimmst, Gott wirke durch Vermittlung eines Werkzeugs oder einer Veranlassung, genannt *Materie*, so machst du ihn nicht minder zum Urheber der Sünde als ich, der ich ihn als die unmittelbare wirkende Kraft in allen jenen Vorgängen betrachte, die man gemeinhin der Natur zuschreibt. Ferner bemerke ich, daß Sünde oder Verwerflichkeit nicht in der äußerlichen körperlichen Handlung besteht, sondern in der inneren Abweichung des Willens von den Gesetzen der Vernunft und Religion. Das liegt auf der Hand, da das Töten eines Feindes in der Schlacht oder die Hinrichtung eines Verbrechers nach Recht und Gesetz nicht als sündhaft angesehen wird, obwohl die äußere Handlung genau dieselbe ist wie beim Mord. Da somit die Sünde nicht in der körperlichen Handlung besteht, macht man Gott nicht zum Urheber der Sünde, wenn man ihn für die unmittelbare Ursache aller dieser Handlungen hält. Schließlich habe ich nirgends gesagt, daß Gott die einzige wirkende Kraft sei, die alle Bewegungen in den Körpern hervorbringt. Bestritten habe ich, soviel ist wahr, daß es außer Seelenwesen irgendwelche andere wirkenden Kräfte gibt; aber das ist durchaus damit vereinbar, rationalen geistigen Wesen bei der Hervorbringung von Bewegungen den Gebrauch beschränkter Fähigkeiten zuzugestehen, die sich letzten Endes allerdings von Gott herleiten, unmittelbar jedoch unter der Leitung des eigenen Willens jener Wesen stehen; und das genügt, um sie für ihre Handlungen verantwortlich zu machen.

Hylas Aber die Negation der Materie, Philonous, oder einer körperlichen Substanz – das ist der springende Punkt. Du wirst mir niemals einreden können, daß das nicht im Widerspruch zu den Grundüberzeugungen der Menschheit steht. Wenn unser Streit durch Abstimmung entschieden würde, so bin ich sicher, du würdest deine Sache verloren geben, ohne die Stimmenauszählung abzuwarten.

Philonous Ich wünschte, unser beider Ansichten würden fair wiedergegeben und dem Urteil von Leuten mit gesundem Menschenverstand, ohne die Voreingenommenheiten einer gelehrten Erziehung, unterworfen. Wenn ich als jemand dargestellt werde, der seinen Sinnen traut, der überzeugt ist, daß er die Dinge erkennt, die er sieht und tastet, und der keinen Zweifel an ihrer Existenz hegt – und wenn von dir mit all deinen Zweifeln, deinen Paradoxa und deinem Skeptizismus ein ungeschminkt wahres Bild entworfen wird, so ist mir vor dem Votum unparteiisch urteilender Personen nicht bange. Daß es außer einem Seelenwesen keine Substanz gibt, in der Ideen existieren können, ist für mich evident. Und daß die unmittelbar wahrgenommenen Gegenstände Ideen sind, ist allseits anerkannt. Und daß sinnliche Qualitäten unmittelbar wahrgenommene Gegenstände sind, kann niemand in Abrede stellen. Es ist daher evident, daß es kein *substratum* solcher Qualitäten geben kann außer einem Seelenwesen, worin sie existieren – nicht in der Weise eines Modus oder einer Eigenschaft, sondern als das wahrgenommene Ding im wahrnehmenden. Ich bestreite daher, daß es ein ungeistiges *Substrat* der Gegenstände der Sinne gibt und (wenn der Ausdruck in eben dieser Bedeutung genommen wird) daß es eine materiel-

le Substanz gibt. Wenn man aber unter *materieller Substanz* bloß einen sinnlich wahrnehmbaren Körper versteht, der gesehen und getastet wird (und der von Philosophie unberührte Teil der Menschheit versteht gewiß nichts anderes darunter), dann bin ich der Existenz der Materie gewisser, als du oder als sonst ein Philosoph zu sein vorgibt. Wenn die von mir vertretenen Ansichten den meisten Menschen widerstreben, so liegt das an dem Mißverständnis, daß ich die Wirklichkeit sinnlicher Dinge leugne; da aber du es bist, nicht ich, der sich dessen schuldig macht,
72 so folgt, daß sich die Abneigung der Menschen in Wahrheit gegen deine, nicht gegen meine Ansichten richtet. Ich erkläre also, daß, so gewiß ich meines eigenen Daseins bin, so verbürgt ist mir die Existenz von Körpern oder körperlichen Substanzen (womit ich die Dinge meine, die ich mit den Sinnen wahrnehme) – und daß, dies zugestanden, das Schicksal jener unbekann-
73 ten Naturen und philosophischen Wesenheiten, in die manche Leute so vernarrt sind, der Masse der Menschen vollkommen egal ist.

Hylas Was sagst du aber hierzu? Wenn die Menschen, wie du meinst, über die Wirklichkeit der Dinge nach ihren Sinnen urteilen, wie kann sich dann jemand irren, der den Mond für eine glatte leuchtende Fläche von etwa einem Fuß Durchmesser hält oder einen aus der Ferne gesehenen eckigen Turm für rund oder ein ins Wasser getauchtes Ruder für gebrochen?

Philonous Er irrt sich nicht in den Ideen, die er aktual wahrnimmt, sondern in den Folgerungen, die er aus seinen gegenwärtigen Wahrnehmungen zieht. So ist im Fall des Ruders das, was er unmittelbar visuell wahrnimmt, sicherlich gebrochen; und insoweit hat er recht. Aber er irrt, wenn er daraus schließt, er werde, sobald er das Ruder aus dem Wasser zieht, dieselbe Krümmung wahrnehmen oder sein Tastsinn werde so affiziert wie normalerweise von gebrochenen Dingen. Nicht anders verhält es sich, wenn er aus dem, was er an einem Ort wahrnimmt, schließen wollte, daß ihm bei Annäherung an den Mond oder den Turm die gleichen Ideen zuteil würden. Doch sein Irrtum liegt nicht in dem, was er unmittelbar und gegenwärtig wahrnimmt

(ist es doch ein manifester Widerspruch anzunehmen, er könnte sich in dieser Beziehung irren), sondern in dem falschen Urteil, das er hinsichtlich jener Ideen fällt, die er mit den unmittelbar wahrgenommenen verbunden glaubt, oder jener Ideen, von denen er sich nach Maßgabe der gegenwärtig wahrgenommenen einbildet, sie würden unter anderen Umständen wahrgenommen werden. Dasselbe gilt für das kopernikanische Weltsystem. Wir 74
nehmen hier keine Bewegung der Erde wahr; aber es wäre irrig, daraus zu schließen, daß, falls wir uns in ebenso großer Entfernung von ihr befänden wie jetzt von den anderen Planeten, wir sie nicht als bewegt wahrnehmen würden.

Hylas Ich verstehe und muß freilich zugeben, was du sagst, hat Hand und Fuß. Aber gestatte mir, dich an eines zu erinnern. Hast du, Philonous, früher nicht ebenso bestimmt geglaubt, daß Materie existiert, wie du jetzt von ihrer Nichtexistenz überzeugt bist?

Philonous In der Tat. Aber der Unterschied liegt darin: früher gründete sich meine Bestimmtheit ohne Prüfung auf Vorurteil; jetzt aber, nach Untersuchung, auf Beweis.

Hylas Am Ende scheint sich unser Disput mehr um Worte als um Sachen zu drehen. In der Sache stimmen wir überein, in der Bezeichnung sind wir uneins. Daß uns Ideen von außen zukommen, liegt auf der Hand; desgleichen, daß es (ich will nicht sagen Urbilder, aber) Kräfte außerhalb des Geistes geben muß, die jenen Ideen entsprechen. Und da diese Kräfte nicht für sich existieren können, muß notwendigerweise ein Träger derselben zugelassen werden, den ich *Materie* nenne und du *Seelenwesen*. Das ist der ganze Unterschied.

Philonous Ist denn, Hylas, dieses kraftbegabte Wesen oder dieser Träger von Kräften ausgedehnt?

Hylas Es besitzt keine Ausdehnung; aber es hat die Kraft, in dir die Idee der Ausdehnung zu hervorzurufen.

Philonous Selbst ist es also unausgedehnt.

Hylas Das gebe ich zu.

Philonous Ist es nicht auch tätig?

Hylas Zweifellos, wie könnten wir ihm sonst Kräfte zuschreiben?

Philonous Nun will ich dir zwei Fragen stellen: *erstens*, ob es mit dem Sprachgebrauch der Philosophen oder anderer Leute übereinstimmt, einem unausgedehnten tätigen Seienden den Namen *Materie* zu geben? Und *zweitens*, ob es nicht lächerlich abwegig ist, Namen regelwidrig, unter Mißachtung ihrer üblichen Verwendungsweise zu gebrauchen?

Hylas Sei's drum; mag die Sache nicht Materie genannt werden, da du es einmal so haben willst, sondern irgendwie *dritte Natur*, von Materie und Seelenwesen verschieden. Denn aus welchem besonderen Grunde solltest du sie als Seelenwesen bezeichnen? Liegt nicht in dem Begriff eines Seelenwesens, daß es sowohl geistig als auch tätig und unausgedehnt ist?

Philonous Mein Grund ist dieser: Ich lege Wert darauf, mit dem, was ich sage, einen Begriff oder Sinn zu verbinden; aber von einer Tätigkeit, die etwas anderes wäre als Willensäußerung, habe ich keinen Begriff; auch kann ich mir nicht vorstellen, daß etwas anderes als ein Seelenwesen einer Willensäußerung fähig ist. Deshalb muß ich, wenn ich von etwas Tätigem spreche, ein Seelenwesen meinen. Außerdem: Was kann offenkundiger sein, als daß ein Ding, das keine Ideen in sich selbst hat, mir solche auch nicht mitteilen kann; hat es aber Ideen, so muß es ganz gewiß ein Seelenwesen sein. Um dir aber, wenn möglich, die Sache noch weiter zu verdeutlichen: Ich behaupte wie du, daß wir, weil wir von außen affiziert werden, Kräfte annehmen müssen, die außer uns, in einem von uns verschiedenen Seienden existieren. Soweit sind wir einer Meinung. Aber was die Art dieses kraftbegabten Etwas angeht, sind wir uneins. Nach meiner Überzeugung muß es ein Seelenwesen sein, nach deiner Materie oder ich weiß nicht was für eine (ich könnte hinzufügen, du weißt es auch nicht) dritte Natur. Daß es ein Seelenwesen ist, beweise ich so: Von den Wirkungen, die ich hervorgebracht sehe, schließe ich auf Tätigkeiten, und von Tätigkeiten auf Willensäußerungen; und weil es Willensäußerungen gibt, muß es einen Willen geben. Ferner müssen die Dinge, die ich wahrnehme – sie selbst oder ihre Urbilder – ein Dasein außerhalb meines Geistes haben. Aber da sie Ideen sind, können weder sie noch ihre Urbilder anders als im

Verstande existieren; also gibt es Verstand. Aber Wille und Verstand machen im strengsten Sinne einen Geist oder ein Seelenwesen aus. Die kraftbegabte Ursache meiner Ideen ist also nach strengem Sprachgebrauch ein *Seelenwesen*.

Hylas Und nun, wette ich, glaubst du die Sache geklärt zu haben, ohne zu merken, daß das, was du sagst, direkt zum Widerspruch führt. Ist es nicht absurd, in Gott eine Unvollkommenheit anzunehmen?

Philonous Ohne Zweifel.

Hylas Schmerz zu erleiden ist eine Unvollkommenheit.

Philonous Gewiß.

Hylas Werden nicht manchmal Schmerz und Unbehagen in uns durch ein anderes Seiendes hervorgerufen?

Philonous Keine Frage.

Hylas Und hast du nicht gesagt, dieses andere Seiende sei ein Seelenwesen, und ist nicht dieses Seelenwesen Gott?

Philonous Zugegeben.

Hylas Nun hast du aber behauptet, daß jegliche Idee, die wir als von außen kommend wahrnehmen, in dem uns affizierenden Geist existiert. Die Ideen von Schmerz und Unbehagen sind daher in Gott oder, anders gesagt, Gott erleidet Schmerzen. Das heißt: Es gibt eine Unvollkommenheit in der göttlichen Natur, was, wie du zugegeben hast, widersinnig ist. So hast du dich in einem direkten Widerspruch verfangen.

Philonous Daß Gott alle Dinge kennt und versteht und daß er unter anderem auch weiß, was Schmerz, ja jede Art von Unlustempfindung ist und was es für seine Geschöpfe bedeutet, Schmerzen zu erleiden, das steht für mich außer Frage. Aber ich bestreite entschieden, daß Gott selbst Schmerzen erleiden kann, auch wenn er Unlustempfindungen kennt und manchmal in uns verursacht. Wir, die wir beschränkte und abhängige Seelenwesen sind, sind den Eindrücken der Sinne, den Wirkungen einer äußeren Kraft unterworfen, und da diese gegen unseren Willen hervorgerufen werden, sind sie manchmal schmerzhaft und unbehaglich. Gott aber, den kein äußeres Seiendes affizieren kann, der nichts durch die Sinne wahrnimmt wie wir, dessen Wille absolut und unabhängig ist, der alle Dinge verursacht und dem nichts im Wege stehen und Widerstand leisten kann – ein solches Wesen, das ist klar, kann nichts erleiden noch auch von Unlustempfindungen, ja überhaupt von Empfindungen affiziert werden. Wir sind an einen Körper gekettet, d.h. unsere Wahrnehmungen sind mit körperlichen Bewegungen verknüpft. Nach dem Gesetz unserer Natur geht jede Veränderung im Nervensystem unseres sinnlichen Körpers mit einer Empfindungserregung einher. Dieser sinnliche Körper ist, recht betrachtet, nichts als eine Verbindung solcher Qualitäten oder Ideen, die kein vom Wahrgenommenwerden durch einen Geist verschiedenes Dasein haben. So bedeutet diese Verknüpfung von Empfindungen mit körperlichen Bewegungen nichts weiter, als daß in der Ordnung der Natur zwei Reihen von Ideen oder unmittelbar wahrnehmbaren Dingen einander korrespondieren. Aber Gott ist reines Geistwesen, das von solcherart Miterleben oder natürlichen Verbindungen frei ist. In seinem Geist gehen keine körperlichen Bewegungen mit Lust- oder Unlustempfindungen einher. Alles zu wissen, was überhaupt gewußt werden kann, ist gewiß eine Vollkommenheit. Aber irgend etwas durch die Sinne zu erdulden, zu erleiden oder zu empfinden ist eine Unvollkommenheit. Ersteres, sage ich, kommt Gott zu, nicht aber letzteres. Gott erkennt oder hat Ideen; aber seine Ideen werden ihm nicht durch die Sinne zugeführt, wie es bei unseren der Fall ist. Weil du nicht unterscheidest, wo ein so offensichtlicher Unterschied besteht, wähnst du etwas Widersinniges zu sehen, wo es nichts dergleichen gibt.

Hylas Aber die ganze Zeit hast du nicht bedacht, daß man bewiesen hat, daß die Menge der Materie der Schwere der Körper proportional ist. Und was kann gegen einen Beweis ins Feld geführt werden?

Philonous Laß mich sehen, wie du diesen Punkt beweist.

Hylas Ich setze als Prinzip voraus, daß die Momente oder die Bewegungsgrößen der Körper in direktem Verhältnis zum Produkt aus Geschwindigkeit und Menge der in ihnen enthaltenen Materie stehen. Sind also die Geschwindigkeiten gleich, so folgt, daß die Momente der Menge der in ihnen enthaltenen Materie direkt entsprechen. Nun hat man durch Erfahrung festgestellt, daß alle Körper (sieht man von den kleinen Ungleichheiten ab, die sich aus dem Luftwiderstand ergeben) mit gleicher Geschwindigkeit fallen. Die Bewegung fallender Körper und mithin deren Schwere als Ursache oder Prinzip dieser Bewegung ist der Menge der Materie proportional, was zu beweisen war.

Philonous Du setzt als selbstverständlichen Grundsatz voraus, daß die Bewegungsgröße eines jeden Körpers der Geschwindigkeit und der *Materie* zusammengenommen proportional ist, und davon machst du Gebrauch, um einen Satz zu beweisen, aus dem auf die Existenz der *Materie* geschlossen wird. Ich bitte dich, ist das nicht ein Zirkelschluß?

Hylas Mit der Prämisse will ich nur sagen, daß die Bewegung dem Produkt aus Geschwindigkeit und Ausdehnung und Dichte proportional ist.

Philonous Aber angenommen, dies sei wahr, so folgt daraus doch nicht, daß die Schwere der Materie in deinem philosophischen Sinne des Wortes proportional ist; es sei denn, du hieltest es für eine ausgemachte Sache, daß dieses unbekannte *Substrat*, oder wie du es sonst nennen willst, jenen wahrnehmbaren Qualitäten proportional ist, was offenbar ein klarer Fall von petitio principii wäre. Daß es, sinnlich wahrgenommen, Größe und Festigkeit oder Widerstand gibt, räume ich bereitwillig ein; und ich gedenke ebensowenig in Zweifel zu ziehen, daß die Schwere zu diesen Qualitäten in einem bestimmten Verhältnis steht. Daß aber entweder diese Qualitäten, wie wir sie wahrnehmen, oder die Kräfte, die sie hervorbringen, in einem *materiellen Substrat* existieren – das ist es, was ich in Abrede stelle und was du behauptest, aber unbeschadet deiner obigen Beweisführung nicht bewiesen hast.

Hylas Ich will hierauf nicht weiter insistieren. Aber glaubst du im Ernst, du könntest mich überzeugen, daß die Naturforscher bisher nur geträumt haben? Was wird, bitteschön, aus all ihren Hypothesen und Erklärungen der Phänomene, die das Dasein der Materie voraussetzen?

Philonous Was meinst du mit ›Phänomenen‹?

Hylas Ich meine die Erscheinungen, die ich mit meinen Sinnen wahrnehme.

Philonous Und sind die sinnlich wahrgenommenen Erscheinungen nicht Ideen?

Hylas Hundertmal habe ich dir das gesagt.

Philonous Die Phänomene erklären heißt demnach zeigen, wie es kommt, daß wir von Ideen affiziert werden in der Weise und Ordnung, in der sie unseren Sinnen eingeprägt sind. Nicht wahr?

Hylas Gewiß.

Philonous Wenn du nun beweisen kannst, daß irgendein Philosoph die Erzeugung auch nur einer Idee in unserem Geist mit Hilfe der *Materie* erklärt hat, strecke ich ein für allemal die Waffen und achte alles bisher dagegen Gesagte für nichts; wenn du es aber nicht kannst, so ist es müßig, die Erklärung der Phänomene hier ins Feld zu führen. Daß ein mit Erkenntnis und Willen begabtes Wesen Ideen hervorbringt oder wahrnehmbar werden läßt, ist leicht zu verstehen. Daß aber ein Etwas, dem diese Fähigkeiten durchaus abgehen, imstande sein sollte, Ideen zu erzeugen oder in irgendeiner Weise auf einen Verstand einzuwirken, das werde ich nie verstehen. Selbst wenn wir einen positiven Begriff der Materie hätten, ihre Qualitäten erkennen und ihr Dasein begreifen könnten, wäre dies von einer Erklärung der Dinge so weit entfernt, daß es vielmehr selbst die unerklärlichste Sache von der Welt wäre. Und doch folgt hieraus keineswegs, daß die Naturforscher nichts geleistet haben; denn dadurch, daß sie die Verknüpfung der Ideen beobachten und daraus Schlüsse ziehen, entdecken sie die Gesetze und Verfahrensweisen der Natur, und dies ist ein nützlicher und passabler Teil der Erkenntnis.

Hylas Kann man aber wirklich annehmen, Gott täusche die ganze Menschheit? Bildest du dir allen Ernstes ein, er hätte der ganzen Welt den Glauben an das Sein der Materie eingegeben, wenn so etwas gar nicht existiert?

Philonous Daß eine jede aus Vorurteil oder Leidenschaft oder Gedankenlosigkeit entspringende, epidemisch verbreitete Meinung Gott als ihrem Urheber zur Last gelegt werden darf, wirst du wohl nicht behaupten wollen. Wenn wir irgendeine Meinung auf ihn zurückführen, so darum, weil er sie uns durch übernatürliche Offenbarung entdeckt hat oder weil sie unseren natürlichen Fähigkeiten, die von Gott gebildet und uns verliehen sind, so zwingend einleuchtet, daß wir ihr unsere Zustimmung unmöglich versagen können. Aber wo ist hier die Offenbarung? Und wo die einleuchtende Gewißheit, die uns den Glauben an Materie aufzwingt? Ja, wo steht geschrieben, daß die Existenz der Materie, wenn man darunter etwas vom sinnlich Wahrgenommenen Verschiedenes versteht, von allen Menschen angenommen wird oder überhaupt von irgend jemandem, abgesehen von einigen wenigen Philosophen, die nicht wissen, worauf sie hinaus wollen? Deine Frage setzt voraus, daß diese Punkte geklärt sind; wenn du sie geklärt hast, werde ich es für meine Pflicht halten, dir eine weitere Antwort zu geben. Inzwischen mag dir die Versicherung genügen, daß ich nicht annehme, Gott habe die Menschheit in irgendeiner Weise getäuscht.

Hylas Aber das Neue daran, Philonous, das Neue! Da liegt die Gefahr. Neue Ansichten sollte man nie unterstützen; sie erschüttern die Gemüter der Menschen, und niemand weiß, wohin sie schließlich führen.

Philonous Ich vermag nicht zu begreifen, weshalb die Zurückweisung einer Ansicht, die weder in den Sinnen noch in der Vernunft noch in göttlicher Autorität gründet, dazu angetan sein soll, den Glauben an solche Meinungen zu erschüttern, die alles das oder mindestens eines davon zur Grundlage haben. Daß Neuerungen in Staat und Religion gefährlich sind und nicht gefördert werden sollten, erkenne ich bereitwillig an. Aber kann man sie mit gleicher Begründung aus der Philosophie verbannen? Jede Erweiterung unseres Wissens um etwas zuvor nicht Gewußtes ist eine Neuerung in der Erkenntnis; und wenn alle solche Neuerungen untersagt worden wären, hätte die Menschheit wohl
bemerkenswerte Fortschritte in Künsten und Wissenschaften 76
gemacht. Aber es ist nicht meine Sache, Neuheiten und Paradoxa zu verteidigen. Daß die Qualitäten, die wir wahrnehmen, nicht an den Gegenständen sind, daß wir unseren Sinnen nicht

trauen dürfen, daß uns die wirkliche Natur der Dinge verborgen ist und wir nicht einmal ihrer Existenz je gewiß sein können, daß wirkliche Farben und Töne nichts als gewisse unbekannte Gestalten und Bewegungen sind, daß Bewegungen an sich selbst weder schnell noch langsam sind, daß es in den Körpern absolute Ausdehnung ohne jede besondere Größe oder Gestalt gibt, daß ein stumpfsinniges, gedankenloses und untätiges Ding auf ein Seelenwesen einwirkt, daß das kleinste Körperteilchen unzählige ausgedehnte Teile enthält – das sind die Neuheiten, das sind die absonderlichen Ansichten, die der echten, unverdorbenen Urteilskraft aller Menschen hohnsprechen und die, einmal zugelassen, den Geist in endlose Zweifel und Schwierigkeiten verstricken. Gegen diese und ähnliche Neuerungen suche ich die Rechte des gesunden Menschenverstandes zu wahren. Indem ich das tue, kann ich, soviel ist richtig, vielleicht einige *Umständlichkeiten* und ungebräuchliche Redeweisen nicht vermeiden. Aber wenn meine Ansichten einmal von Grund auf verstanden sind, wird man finden, daß das Seltsamste an ihnen ganz einfach in Folgendem besteht: daß die Annahme, ein nichtdenkendes Seiendes könnte existieren, ohne von einem Geist wahrgenommen zu werden, eine absolute Unmöglichkeit und einen manifesten Widerspruch darstellt. Gilt aber diese Ansicht als seltsam, so ist das eine Schande heutzutage, noch dazu in einem christlichen Land.

Hylas Die Schwierigkeiten, denen andere Meinungen ausgesetzt sein mögen, stehen nicht zur Debatte. Du mußt deine eigene Meinung verteidigen. Ist es nicht sonnenklar, daß du alle Dinge in Ideen verwandeln möchtest? Du, sage ich, der du dich nicht schämst, mich des *Skeptizismus* zu zeihen. Das ist so klar, daß es schlechterdings nicht bestritten werden kann.

Philonous Du mißverstehst mich. Ich will nicht Dinge in Ideen verwandeln, sondern vielmehr Ideen in Dinge. Denn die unmittelbaren Wahrnehmungsgegenstände, die nach dir lediglich Erscheinungen der Dinge sind, gelten mir als die wirklichen Dinge selbst.

Hylas Dinge! Du kannst sagen, was du willst. Feststeht nun einmal, daß, wenn es nach dir geht, wir uns mit den leeren Formen der Dinge begnügen müssen, mit der Außenseite, die unsere Sinne berührt.

Philonous Was du die leeren Formen und die Außenseite der Dinge nennst, das sind für mich gerade die Dinge selbst. Auch sind sie weder leer noch unvollständig, außer du nimmst an, Materie sei ein wesentlicher Teil aller körperlichen Dinge. Wir stimmen also darin überein, daß wir nur sinnliche Formen wahrnehmen, sind aber insoweit uneins, als du sie zu leeren Erscheinungen machen willst, ich zu etwas real Seiendem. Kurz, du traust deinen Sinnen nicht, ich tue es.

Hylas Du sagst, du traust deinen Sinnen, und schmeichelst dir, darin mit dem Volk einer Meinung zu sein. Du glaubst also, daß die wahre Natur der Dinge durch die Sinne entdeckt wird. Wenn dem so wäre, woher rühren dann all die Unstimmigkeiten? Werden nicht ein und dieselbe Gestalt und andere sinnliche Qualitäten auf die verschiedenste Weise wahrgenommen? Und
warum sollten wir ein Mikroskop benutzen, um die wahre Natur 7
eines Körpers besser zu entdecken, wenn sie doch mit bloßem Auge zu entdecken wäre?

Philonous Streng genommen, Hylas, sehen wir nicht denselben
Gegenstand, den wir tasten; noch ist es ein und derselbe Gegen- 7
stand, der durchs Mikroskop und mit bloßem Auge wahrgenommen wird. Wollte man aber jede Veränderung für ausreichend erachten, eine neue Art oder ein Einzelding zu konstituieren, so würde die endlose Zahl und das Durcheinander von Benennungen die Sprache unbrauchbar machen. Um daher diese und andere Unannehmlichkeiten, die bei geringem Nachdenken auf der Hand liegen, zu vermeiden, faßt man mehrere Ideen zusammen, die entweder durch verschiedene Sinne oder durch denselben Sinn zu verschiedenen Zeiten oder unter verschiedenen Umständen wahrgenommen werden, bei denen man aber gleichwohl eine Verbindung in der Natur in bezug auf Koexistenz oder Aufeinanderfolge beobachtet – was alles mit einem Namen belegt und als ein Ding betrachtet wird. Daraus folgt, daß die Prüfung eines von mir gesehenen Dinges durch meine

anderen Sinne nicht darauf abzielt, den visuell wahrgenommenen Gegenstand besser kennenzulernen, weil der Gegenstand des einen Sinnes nicht durch die anderen Sinne wahrgenommen wird. Und wenn ich durch ein Mikroskop blicke, so geschieht es nicht, um deutlicher wahrzunehmen, was ich schon mit bloßem Auge wahrgenommen habe, ist doch der durch das Glas wahrgenommene Gegenstand ganz verschieden von dem früheren. Vielmehr verfolge ich in beiden Fällen nur das Ziel zu erkennen, welche Ideen untereinander zusammenhängen; und je mehr jemand vom Zusammenhang der Ideen weiß, desto mehr Wissen von der Natur der Dinge wird ihm zugeschrieben. Was macht es also, wenn unsere Ideen veränderlich sind, wenn sich unseren Sinnen nicht unter allen Umständen die gleichen Erscheinungen darbieten? Es folgt daraus nicht, daß wir ihnen nicht trauen dürfen oder daß sie in sich oder mit irgend etwas sonst inkonsistent sind, es sei denn mit deinem vorgefaßten Begriff von (ich weiß nicht was) für einer einzelnen, unveränderlichen, nicht wahrnehmbaren, wirklichen Natur, die ein jeder Name bezeichnet. Dieses Vorurteil scheint dem unzureichenden Verständnis der Alltagssprache der Menschen geschuldet zu sein, die von mehreren verschiedenen Ideen so reden, als seien sie durch den Geist zu einem Ding vereinigt. Und tatsächlich ist die Annahme nicht unbegründet, daß so manche irrige Ansicht der Philosophen derselben Quelle entstammt, indem diese ihre Systeme nicht so sehr auf Begriffe als auf Worte gegründet haben – Worte, die vom Volk gebildet sind, allein um der Bequemlichkeit willen und zwecks rascher Erledigung der Aufgaben des Lebensalltags, ohne jede Rücksicht auf gelehrte Forschung.

Hylas Ich glaube, ich verstehe, was du meinst.

Philonous Du bist der Ansicht, daß die Ideen, die wir mit unseren Sinnen wahrnehmen, nicht wirkliche Dinge sind, sondern Ab- oder Nachbildungen derselben. Unser Wissen ist daher nur insoweit real, als unsere Ideen jene Urbilder unentstellt wiedergeben. Da aber diese angenommenen Urbilder an sich selbst unbekannt sind, ist es unmöglich zu wissen, wie weit unsere Ideen ihnen gleichen, ja, ob sie ihnen überhaupt gleichen. Wir können deshalb nicht sicher sein, daß wir irgendwelches reales Wissen besitzen. Da ferner unsere Ideen beständig wechseln, ohne Veränderung in den angenommenen wirklichen Dingen, so folgt daraus notwendig, daß sie nicht sämtlich wahre Nachbildungen von ihnen sein können; sind es aber einige und andere nicht, so ist es unmöglich, erstere von letzteren zu unterscheiden. Dies stürzt uns in noch tiefere Ungewißheit. Wiederum ist es so, wenn wir die Sache sorgfältig bedenken, daß wir nicht begreifen können, wie eine Idee oder etwas einer Idee Ähnliches ein absolutes Dasein außerhalb eines Geistes haben sollte, ebensowenig folglich, nach deiner Lehrmeinung, wie es irgendein wirkliches Ding in der Natur geben könnte. Das Ergebnis von alldem ist, daß wir in schlechthin hoffnungslosem und verzweifeltem *Skeptizismus* versinken. Gestatte mir nun ein paar Fragen: *Erstens*, ob dieser Skeptizismus nicht daraus resultiert, daß du Ideen auf bestimmte absolut existierende, unwahrgenommene Substanzen als ihre Urbilder beziehst? *Zweitens*, ob du durch die Sinne oder durch die Vernunft von der Existenz jener unbekannten Urbilder Kenntnis erhältst? Falls aber nicht, ob es nicht widersinnig ist, sie anzunehmen? *Drittens*, ob du, wenn du gründlich überlegst, einen klaren Gedanken oder Sinn in der Rede von *absoluter oder äußerer Existenz nichtwahrnehmender Substanzen* entdecken kannst? *Schließlich*, ob es nach reiflicher Erwägung dieser Prämissen nicht das Klügste ist, der Natur zu folgen, deinen Sinnen zu trauen und, indem du alle Grübeleien über unbekannte Wesenheiten und Substanzen auf sich beruhen läßt, mit dem Volk diejenigen Dinge als wirklich gelten zu lassen, die durch die Sinne wahrgenommen werden?

Hylas Im Augenblick habe ich keine Lust, dir Rede und Antwort zu stehen. Viel mehr interessiert mich, wie du mit folgender Schwierigkeit fertigwirst. Sage mir, sind die Gegenstände, die der eine mit den Sinnen wahrnimmt, nicht auch für andere Anwesende wahrnehmbar? Auch wenn noch hundert Menschen mehr hier wären, würden sie alle den Garten, die Bäume und Blumen sehen, so wie ich sie sehe. Aber sie werden nicht in gleicher Weise von den Ideen affiziert, die meine Einbildungskraft formt. Begründet das nicht einen Unterschied zwischen Gegenständen ersterer und letzterer Art?

Philonous Das gebe ich zu. Auch habe ich nie einen Unterschied zwischen den Gegenständen der Sinne und denen der Einbildung geleugnet. Was willst du aber hieraus schließen? Du kannst nicht behaupten, sinnliche Gegenstände würden unwahrgenommen existieren, weil sie von vielen wahrgenommen werden.

Hylas Ich muß zugeben, mit diesem Einwand komme ich nicht weiter; er hat mich aber auf etwas anderes gebracht. Ist es nicht deine Auffassung, daß wir mit unseren Sinnen nur die Ideen in unserem Geist wahrnehmen?

Philonous Gewiß.

Hylas Aber ein und dieselbe Idee, die in meinem Geist ist, kann nicht in deinem oder irgendeinem anderen Geist sein. Folgt somit nicht aus deinen Grundsätzen, daß keine zwei Beobachter dasselbe Ding sehen können? Und ist das nicht im höchsten Grade widersinnig?

Philonous Wenn man den Ausdruck *dasselbe* in der gewöhnlichen Bedeutung nimmt, so ist gewiß (und den von mir vertretenen Grundsätzen keineswegs zuwider), daß verschiedene Personen dasselbe Ding wahrnehmen können, oder dasselbe Ding, dieselbe Idee in verschiedenen Geistern existiert. Wörter sind willkürlich einsetzbar; und da die Menschen gewohnt sind, das Wort *dasselbe* da anzuwenden, wo weder Unterschied noch Abweichung wahrgenommen wird, und ich nicht den Anspruch erhebe, ihre Wahrnehmungen zu verändern, so ergibt sich, daß die Leute, so wie sie bisher gesagt haben *mehrere sahen dasselbe Ding*, ruhig fortfahren mögen, bei gleichen Gelegenheiten die Redewendung zu gebrauchen, ohne damit in irgendeiner Form gegen gute sprachliche Gepflogenheiten zu verstoßen oder von der Wahrheit der Dinge abzuweichen. Gebraucht man aber den Ausdruck *dasselbe* in der Bedeutung der Philosophen, die einen abstrakten Identitätsbegriff für sich reklamieren, dann mag es je nach ihren verschiedenen Erklärungen dieses Begriffs (denn man ist sich noch nicht einig, worin jene philosophische Identität besteht) für verschiedene Personen möglich oder nicht möglich sein, dasselbe Ding wahrzunehmen. Doch ob es Philosophen passend erscheint, ein Ding *dasselbe* zu nennen oder nicht, ist meines Erachtens ziemlich belanglos. Stellen wir uns eine Gruppe von Menschen vor, die alle mit den nämlichen Fähigkeiten begabt wären und infolgedessen in gleicher Weise sinnlich affiziert würden, denen aber der Gebrauch der Sprache bislang unbekannt wäre; diese würden in ihren Wahrnehmungen ganz ohne Frage übereinstimmen. Und dennoch, sobald sie der Sprache mächtig wären, könnte es sein, daß einige im Hinblick auf die Einheitlichkeit des Wahrgenommenen es *dasselbe* Ding nennen, während andere, mit Rücksicht auf die Verschiedenheit der wahrnehmenden Personen, sich für die Rede von verschiedenen Dingen entscheiden. Aber wer sieht nicht, daß der ganze Streit sich nur um Worte dreht? Nämlich, ob auf das, was verschiedene Personen wahrnehmen, der Ausdruck *dasselbe* angewendet werden darf? Oder stellen wir uns ein Haus vor, dessen Mauern oder Außenwände unverändert erhalten bleiben, während sämtliche Zimmer niedergerissen und neue an ihrer Stelle erbaut werden; und nun sagst du, es sei *dasselbe*, ich hingegen, es sei nicht *dasselbe* Haus. Stimmen wir nicht unbeschadet dessen in unseren Vorstellungen des Hauses an sich betrachtet völlig überein? Und besteht nicht der ganze Unterschied in einem Laut? Wenn du sagst, unsere Begriffe seien verschieden, weil du deiner Idee des Hauses noch die einfache abstrakte Idee der Identität hinzufügst, während ich das nicht tue, so erwidere ich, daß ich nicht weiß, was du mit *abstrakter Idee der Identität* meinst, und fordere dich auf, in deine eigenen Gedanken zu blicken und dich zu vergewissern, daß du dich selbst verstehst. --- Warum so schweigsam, Hylas? Bist du noch nicht überzeugt, daß die Menschen über Identität und Verschiedenheit streiten können, ohne einen substantiellen Unterschied in ihren von den Worten losgelösten Gedanken und Meinungen? Bedenke ferner folgendes: Ob die Existenz der Materie angenommen wird oder nicht, spielt für die vorliegende Frage keine Rolle. Denn die Materialisten räumen selbst ein, das unmittelbar durch unsere Sinne Wahrgenommene seien unsere eigenen Ideen. Dein Problem, daß nicht zwei dasselbe Ding sehen, betrifft also die Materialisten genauso wie mich.

Hylas Aber sie setzen ein äußeres Urbild voraus, und da sie ihre verschiedenen Ideen auf dieses beziehen, kann man mit Recht sagen, daß sie dasselbe Ding wahrnehmen.

Philonous Ebenso darfst du (zu schweigen davon, daß du jene Urbilder längst preisgegeben hast) nach meinen Grundsätzen ein äußeres Urbild annehmen – ein *äußeres*, meine ich, für deinen Geist; wobei freilich angenommen werden muß, daß es in jenem Geist existiert, der alle Dinge in sich begreift. Und damit wird der Forderung nach Identität genauso Genüge getan, wie wenn es überhaupt außerhalb jeglichen Geistes bestünde. Ich bin sicher, du selbst wirst das nicht unverständlich finden.

Hylas Du hast mich in der Tat überzeugt, daß diese Frage im Grunde genommen keine Schwierigkeit bietet oder aber, wenn sie eine Schwierigkeit enthält, davon beide Meinungen gleichermaßen betroffen sind.

Philonous Aber das, was in gleicher Weise für zwei einander widersprechende Meinungen gilt, kann gegen keine von beiden als
9 Beweis angeführt werden.

Hylas Zugegeben. Aber wenn ich nach alledem, Philonous, mir den Kerngehalt deiner Einwände gegen den *Skeptizismus* vor Augen führe, so läuft das Ganze auf folgendes hinaus: Wir sind sicher, daß wir wirklich sehen, hören und tasten, mit einem Wort, daß wir sinnlich affiziert werden.

Philonous Und was kümmert uns alles weitere? Ich sehe diese *Kirsche*, ich taste, ich schmecke sie; und ich bin sicher, *nichts* kann nicht gesehen, getastet oder geschmeckt werden; folglich existiert sie *wirklich*. Nimm die Empfindungen des Weichen, Feuchten, Roten, Herben hinweg, und du nimmst die Kirsche hinweg. Da sie kein von den Empfindungen verschiedenes Seiendes ist, so ist eine Kirsche, sage ich, nichts als ein Gemenge sinnlicher Eindrücke oder durch verschiedene Sinne wahrgenommener Ideen; diese werden durch den Geist zu einem Ding verbunden (oder mit einem Namen belegt); denn man hat beobachtet, daß sie einander begleiten. So wird, wenn der Gaumen einen besonderen Geschmack empfindet, der Gesichtssinn von roter Farbe, der Tastsinn von Rundheit, Weichheit etc. erregt. Daher kommt es, wenn ich sehe, taste und schmecke, jedes in bestimmter Weise, daß ich sicher bin, die *Kirsche* existiert oder ist wirklich. Ihre Wirklichkeit ist meinem Verständnis nach nichts von diesen Empfindungen Abgesondertes. Wenn du aber mit dem Wort *Kirsche* ein unbekanntes, von all jenen sinnlichen Qualitäten verschiedenes Seiendes meinst und mit seiner Existenz etwas vom Wahrgenommenwerden Verschiedenes, dann freilich gebe ich zu, daß weder du noch ich noch sonst jemand sicher sein kann, daß sie existiert.

Hylas Doch was würdest du sagen, Philonous, wenn ich genau dieselben Gründe gegen die Existenz sinnlicher Dinge in einem Geist anführen würde, die du gegen ihre Existenz in einem materiellen *Substrat* vorgebracht hast?

Philonous Wenn ich deine Gründe erfahre, wirst du hören, was ich darauf zu erwidern habe.

Hylas Ist der Geist ausgedehnt oder nicht ausgedehnt?

Philonous Nicht ausgedehnt, ohne Zweifel.

Hylas Behauptest du, die Dinge, die du wahrnimmst, seien in deinem Geist?

Philonous Das sind sie.

Hylas Habe ich dich nicht von Sinneseindrücken reden hören?

Philonous Das kann schon sein.

Hylas Dann erkläre mir, mein lieber Philonous, wie es möglich sein soll, daß in deinem Geist Raum ist für das Dasein all dieser Bäume und Häuser. Können ausgedehnte Dinge in etwas enthalten sein, das unausgedehnt ist? Oder können wir uns vorstellen, das auf einem Ding, das bar jeder Festigkeit ist, Eindrücke hervorgerufen werden? Du kannst nicht sagen, Gegenstände seien in deinem Geist wie Bücher in deinem Arbeitszimmer, noch daß Dinge deinem Geist eingeprägt werden wie die Form des Siegels dem Wachs. In welchem Sinne sollen wir nun diese Ausdrücke verstehen? Erkläre mir das, wenn du kannst; dann werde ich imstande sein, all die Fragen zu beantworten, die du mir zuvor über mein *substratum* gestellt hast.

Philonous Hör gut zu, Hylas. Wenn ich sage, Gegenstände existierten im Geist oder würden den Sinnen eingeprägt, so darf man das nicht im handfest wörtlichen Sinne verstehen, wie wenn man von Körpern sagt, daß sie sich an einem Ort befinden, oder vom Siegel, daß es einen Eindruck im Wachs hinterläßt. Der Sinn meiner Behauptung ist lediglich der, daß der Geist sie begreift oder wahrnimmt und daß er von außen affiziert wird, nämlich durch ein Wesen, das von ihm selbst verschieden ist. Das ist meine Erklärung deiner Schwierigkeit. Wie sie aber dazu dienen soll, deine These von einem nicht wahrnehmenden materiellen *substratum* verständlich zu machen, wüßte ich gern.

Hylas Nein, wenn das alles ist, sehe ich wahrlich nicht, was mir das nützen könnte. Aber mußt du dir nicht mißbräuchliche Verwendung der Sprache vorwerfen lassen?

Philonous Keineswegs. Ich gehe nicht über das hinaus, was die herrschende Praxis, die der Sprache bekanntlich die Regel vorgibt, sanktioniert hat. So ist es unter Philosophen gang und gäbe, von den unmittelbaren Objekten des Verstandes als von Dingen zu sprechen, die im Geist existieren. Und das stimmt völlig mit der allgemeinen Tendenz zum Wortgebrauch in übertragener Bedeutung überein; werden doch die meisten geistigen Tätigkeiten mit Worten bezeichnet, die von Haus aus sinnlichen Dingen zugeordnet sind, was sich klar an Ausdrücken wie *begreifen*, *reflektieren*, *abwägen* zeigt, die, auf den Geist bezogen, nicht in ihrem handfesten ursprünglichen Sinn verstanden werden
80 dürfen.

Hylas Ich räume ein, du hast mich in diesem Punkt überzeugt. Aber es gibt noch ein weiteres großes Problem, und ich weiß nicht, wie du das lösen willst. Es ist von solchem Gewicht, daß, selbst wenn du alle anderen Schwierigkeiten meistern könntest, du niemals erwarten darfst, mich ohne Lösung in dieser Frage zu deinen Grundsätzen zu bekehren.

Philonous Laß mich wissen, was für eine gewaltige Schwierigkeit das ist.

81 **Hylas** Der Schöpfungsbericht der Heiligen Schrift scheint mir mit deinen Anschauungen schlechthin unvereinbar zu sein. Mo-

ses erzählt uns von einer Schöpfung. Einer Schöpfung von was? Von Ideen? Sicherlich nicht, sondern von Dingen, von wirklichen Dingen, von festen körperlichen Substanzen. Bring deine Grundsätze hiermit in Übereinstimmung; dann werde ich vielleicht mit dir übereinstimmen.

Philonous Moses erwähnt Sonne, Mond und Sterne, Erde und Meer, Pflanzen und Tiere. Daß diese wirklich existieren und am Anfang von Gott geschaffen wurden, stelle ich nicht in Frage. Wenn du unter *Ideen* Erfindungen und Trugbilder des Geistes verstehst, dann sind dies keine Ideen. Wenn du unter *Ideen* unmittelbare Gegenstände des Verstandes oder Sinnendinge verstehst, die nicht unwahrgenommen oder außerhalb des Geistes existieren können, dann sind diese Dinge Ideen. Aber ob du sie Ideen nennst oder nicht, ist ziemlich belanglos. Der Unterschied liegt nur im Namen. Und ob dieser Name nun beibehalten oder verworfen wird, der Sinn, die Wahrheit und Wirklichkeit der Dinge bleiben sich gleich. In der normalen Sprache werden die Gegenstände unserer Sinne nicht *Ideen* genannt, sondern *Dinge*. Nenne sie weiter so – vorausgesetzt, du schreibst ihnen kein absolutes äußeres Dasein zu. Um ein Wort werde ich mit dir niemals streiten. Der Schöpfung also gestehe ich zu, eine Schöpfung von Dingen, von *wirklichen* Dingen gewesen zu sein. Auch ist dies nicht im geringsten unvereinbar mit meinen Grundsätzen, wie aus dem eben Gesagten hervorgeht und dir auch ohne dasselbe eingeleuchtet haben würde, hättest du nicht vergessen, was zuvor schon so oft gesagt worden ist. Was aber die festen körperlichen Substanzen angeht, so laß mich bitte wissen, wo Moses sie erwähnt; und sollten sie von ihm oder sonst einem erleuchteten Autor erwähnt werden, so hättest du immer noch den Nachweis zu führen, daß jene Worte nicht in der gewöhnlichen Bedeutung für Dinge, die in unsere Sinne fallen, gebraucht wurden, sondern in der philosophischen Bedeutung
für Materie oder eine unbekannte Wesenheit von absoluter 82
Existenz. Wenn du diese Punkte bewiesen hast, dann (aber nur dann) darfst du die Autorität des Moses in unseren Streit hineinziehen.

Hylas Es ist müßig, über eine so klare Sache zu streiten. Ich begnüge mich damit, an dein Gewissen zu appellieren. Bist du nicht überzeugt, daß ein eigentümlicher Widerspruch zwischen dem Mosaischen Schöpfungsbericht und deinen Anschauungen besteht?

Philonous Wenn jeder mögliche Sinn, der dem ersten Kapitel der *Genesis* gegeben werden kann, mit meinen Grundsätzen ebenso in Einklang steht wie mit irgendwelchen anderen, kann von einem eigentümlichen Widerspruch nicht die Rede sein. Aber es gibt keinen Sinn, den du nicht ebenso erfassen kannst, wenn du glaubst, was ich glaube. Denn außer Seelenwesen erfaßt du nichts als Ideen. Und deren Existenz leugne ich nicht. Auch behauptest du nicht, daß sie unabhängig vom Geist existieren.

Hylas Dann erkläre mir bitte, in welchem Sinne du das Kapitel verstehen willst.

Philonous Nun, ich stelle mir vor, wenn ich bei der Schöpfung zugegen gewesen wäre, so hätte ich die Dinge ins Dasein treten sehen – d.h. wahrnehmbar werden – in der von dem heiligen Geschichtsschreiber geschilderten Anordnung. Ich habe früher stets an den Mosaischen Schöpfungsbericht geglaubt und finde jetzt, daß sich an der Art und Weise meines Glaubens nichts geändert hat. Wenn wir von Dingen sagen, daß sie ihr Dasein anfangen oder beenden, so meinen wir das nicht in bezug auf Gott, sondern auf seine Geschöpfe. Alle Gegenstände sind von Ewigkeit her Gott bekannt oder, was dasselbe besagt, haben ein ewi-
83 ges Dasein in seinem Geist. Wenn aber Dinge, die den Geschöpfen zuvor nicht wahrnehmbar waren, durch einen Machtspruch Gottes für sie wahrnehmbar werden, dann, sagt man, beginnen sie ein relatives Dasein in bezug auf erschaffene Geister. Den Mosaischen Schöpfungsbericht fasse ich daher so auf, daß die verschiedenen Teile der Welt nach und nach endlichen, mit den erforderlichen Fähigkeiten begabten Seelenwesen wahrnehmbar wurden, so daß, wenn etwa eines von ihnen zugegen gewesen wäre, es sie tatsächlich wahrgenommen hätte. Dies ist der buchstäbliche, unmißverständliche Sinn, den ich dem Text der Heiligen Schrift entnehme, der weder ausdrücklich noch zwischen

den Zeilen einen Hinweis auf ein *substratum*, Werkzeug, auf Veranlassung oder absolute Existenz enthält. Und bei näherer Untersuchung würde sich zweifellos herausstellen, daß die meisten einfachen, ehrlichen Leute, die an die Schöpfung glauben, genausowenig an jene Dinge denken wie ich. In welchem metaphysischen Sinn du die Sache verstehst, weißt nur du allein.

Hylas Aber, Philonous, dir scheint zu entgehen, daß du den erschaffenen Dingen im Anfang nur ein relatives und folglich bedingtes Dasein zugestehst, will sagen: unter der Voraussetzung, daß es Menschen gab, die sie wahrnahmen; ohne diese Voraussetzung gelangt ihr absolutes Dasein nicht zur Wirklichkeit, worin das Wesen der Schöpfung recht eigentlich besteht. Ist es daher nach deiner Auffassung nicht schlechterdings unmöglich, daß die Erschaffung irgendwelcher unbeseelten Geschöpfe der Erschaffung des Menschen vorhergehen sollte? Steht das aber nicht in direktem Widerspruch zum Mosaischen Bericht?

Philonous Hierauf erwidere ich *erstens*, daß erschaffene Dinge ihr Dasein im Geist anderer erschaffener Verstandeswesen als Menschen beginnen könnten. Du kannst daher keinen Widerspruch zwischen Moses und meinen Begriffen nachweisen, es sei denn, du zeigtest zuerst, daß keine andere Gattung endlicher geschaffener Seelenwesen vor dem Menschen existiert hat. Ferner sage ich, wenn wir uns die Schöpfung so vorstellen, wie wir uns jetzt Pflanzen und Kräuter aller Art durch eine unsichtbare Macht in einer Wüste hervorgebracht denken, wo niemand anwesend ist – daß eine derartige Erklärung oder Auffassung der Schöpfung mit meinen Grundsätzen vereinbar ist, da diese ja nichts Sinnliches oder Vorstellbares ausschließen; daß sie aber auch genau mit den gewöhnlichen natürlichen und unverdorbenen Ansichten der Menschen übereinstimmt; daß sie die Abhängigkeit aller Dinge von Gott offenbart und folglich all die guten Wirkungen und Einflüsse besitzt, die dieser wichtige Satz unseres Glaubens nur immer haben kann, wenn er die Menschen demütig, dankbar und ihrem Schöpfer ergeben macht. Ich sage überdies, daß diese Art, die Dinge unverhüllt, der Worte entkleidet zu betrachten, keinen Begriff von dem enthält, was du die *Wirklichkeit absoluter*

Existenz nennst. Du kannst freilich Staub mit diesen Ausdrücken aufwirbeln und unseren Streit für nichts und wieder nichts in die Länge ziehen. Aber ich bitte dich herzlich, in aller Ruhe in deine eigenen Gedanken zu blicken und mir dann zu sagen, ob sie nicht nutzloses und unverständliches Kauderwelsch sind.

Hylas Ich gebe zu, daß ich keinen sehr klaren Begriff mit ihnen verbinde. Aber was sagst du zu folgendem? Besteht für dich nicht das Dasein der sinnlichen Dinge darin, daß sie in einem Geist vorhanden sind? Und waren nicht alle Dinge von Ewigkeit im Geist Gottes? Existierten sie darum nicht von Ewigkeit her nach deiner Meinung? Und wie kann das, was ewige Dauer hat, zeitlich erschaffen werden? Kann etwas wohl klarer und schlüssiger sein?

Philonous Bist du nicht auch der Ansicht, daß Gott alle Dinge von Ewigkeit her bekannt waren?

Hylas Gewiß.

Philonous Folglich hatten sie immer ein Sein im göttlichen Verstand.

Hylas Das gebe ich zu.

Philonous Nach deinem eigenen Bekunden ist also nichts neu oder beginnt zu existieren in bezug auf den Geist Gottes. So sind wir also in dieser Frage einer Meinung.

Hylas Was aber hat es dann mit der Schöpfung für eine Bewandtnis?

Philonous Dürfen wir nicht annehmen, daß sie gänzlich in bezug auf endliche Seelenwesen stattgefunden hat, daß man also von Dingen im Hinblick auf uns mit Recht sagen kann, sie begannen ihr Dasein oder wurden geschaffen, als Gott gebot, daß sie verständigen Geschöpfen wahrnehmbar wurden, und zwar in der Ordnung und auf die Art und Weise, die er damals in Geltung gesetzt hat und die wir jetzt die Naturgesetze nennen? Du magst das eine *relatives* oder *bedingtes Dasein* nennen, wenn es dir beliebt. Solange es uns aber den natürlichsten, klarsten und buchstäblichsten Sinn der Mosaischen Schöpfungsgeschichte liefert, solange es alle religiösen Zwecke dieses großen Glaubenssatzes erfüllt, solange du schließlich keinen anderen Sinn und keine an-

dere Deutung vorschlagen kannst – weshalb sollten wir diese zu-
rückweisen? Etwa um einer lächerlichen Zweifelsucht zu frönen,
die alles unsinnig und unverständlich macht? Gewiß kannst du
nicht behaupten, es geschähe zum Ruhme Gottes. Denn selbst
wenn man zugeben wollte, es sei möglich und begreiflich, daß
die Körperwelt ein absolutes Dasein außerhalb des Geistes Gottes wie auch außerhalb der Geister aller erschaffenen Seelenwesen besitzt – wie könnte dies denn dazu dienen, die Unermeß-
lichkeit oder Allwissendheit der Gottheit unter Beweis zu stellen
oder die notwendige und unmittelbare Abhängigkeit aller Dinge
von ihr? Scheint es diesen Attributen nicht vielmehr abträglich
zu sein?

Hylas Gewiß; aber was diesen Ratschluß Gottes angeht, die Dinge wahrnehmbar werden zu lassen – ist es nicht klar, Philonous,
daß Gott entweder von Ewigkeit her diesen Beschluß in die Tat
umgesetzt oder aber zu einer bestimmten Zeit zu wollen an-
gefangen hat, was er vorher nicht wirklich gewollt, sondern zu
wollen nur beabsichtigt hat? Im ersten Falle könnte es weder 8
Schöpfung noch Beginn des Daseins endlicher Dinge geben. Im
zweiten Falle müssen wir anerkennen, daß der Gottheit etwas
Neues widerfährt, was eine Art Veränderung einschließt; und
Veränderung bedeutet Unvollkommenheit. 8

Philonous Bedenke bitte, was du sagst. Liegt es nicht auf der
Hand, daß sich dieser Einwand gegen jede Art von Schöpfung
richtet, ja gegen jede durch das natürliche Licht erkennba-
re Handlung der Gottheit? Keine können wir anders begreifen, als daß sie in der Zeit vollzogen wird und einen Anfang
hat. Gott ist ein Wesen von transzendenten und unbegrenzten
Vollkommenheiten; seine Natur ist daher für endliche Seelenwesen unbegreiflich. Man darf somit nicht erwarten, daß irgend jemand, sei er *Materialist* oder *Immaterialist*, vollkommen
angemessene Begriffe von der Gottheit, ihren Attributen und
Wirkungsweisen haben könnte. Wenn du also zu Schlußfolge- 8
rungen gegen mich gelangen willst, dürfen sich deine Bedenken nicht aus der Unangemessenheit unserer Begriffe von der
göttlichen Natur herleiten – denn in diesem Punkt stehen sich

alle philosophischen Systeme gleich –, sondern müssen aus der Negation der Materie genommen sein; und davon ist in deinen jetzt erhobenen Einwänden weder direkt noch indirekt die Rede.

Hylas Ich muß zugeben, daß du dich nur mit solchen Schwierigkeiten auseinanderzusetzen brauchst, die aus der Nichtexistenz der Materie resultieren und diesem Begriff eigentümlich sind. Soweit hast du Recht. Aber es ist mir beim besten Willen unmöglich zu glauben, daß zwischen der Schöpfung und deiner Ansicht nicht ein eigentümlicher Widerspruch besteht; worin ich ihn suchen soll, weiß ich allerdings nicht genau.

Philonous Was willst du weiter? Erkenne ich nicht einen zweifachen Zustand der Dinge an, einen abbildlichen oder natürlichen und einen urbildlichen und ewigen? Ersterer wurde in der Zeit erschaffen, letzterer existierte von Ewigkeit her im Geist Gottes. Stimmt das nicht mit der üblichen Auffassung der Theologen überein? Und ist denn mehr erforderlich, um die Schöpfung zu begreifen? Aber du argwöhnst irgendeinen eigentümlichen Widerspruch, obwohl du nicht weißt, wo er zu finden ist. Um alle Bedenken ein für allemal loszuwerden, solltest du folgenden Punkt beachten: Entweder du bist nicht imstande, die Schöpfung zu begreifen, unter welchen Voraussetzungen auch immer; dann lassen sich von daher Widerstand oder Anwürfe gegen meine besondere Hypothese nicht begründen. Oder du bist imstande, sie zu begreifen; warum dann nicht nach meinen Grundsätzen, da durch sie nichts Begreifliches ausgeschlossen wird? Sinne, Einbildungskraft und Vernunft haben dir immerfort uneingeschränkt zu Gebote gestanden. Was du also ehedem unmittelbar oder mittelbar erfassen konntest, durch die Sinne oder durch vernunftgemäßes Schließen aus sinnlich Erkanntem, was immer du wahrnehmen, vorstellen oder verstehen konntest, bleibt dir erhalten. Wenn du also nach anderen Grundsätzen einen verständlichen Begriff von der Schöpfung hast, so behältst du ihn auch nach meinen; ist er unverständlich, so handelt es sich meines Erachtens um überhaupt keinen Begriff; infolgedessen verlierst du nichts. Mir scheint es in der Tat sonnenklar, daß die

Annahme der Materie, das heißt eines gänzlich unbekannten und unbegreiflichen Dinges, nicht dazu dienen kann, uns irgend etwas begreiflich zu machen. Auch hoffe ich, es braucht dir nicht bewiesen zu werden, daß, wenn die Existenz der Materie die Schöpfung nicht begreiflich macht, es kein Einwand gegen die Nichtexistenz der Materie sein kann, daß das Sein der Schöpfung ohne sie unbegreiflich ist.

Hylas Ich muß gestehen, Philonous, in dieser Frage der Schöpfung hast du mich beinahe überzeugt.

Philonous Ich wüßte gerne, warum du nicht völlig überzeugt bist. Du redest von einem Widerspruch zwischen der Mosaischen Geschichte und dem Immaterialismus; aber du weißt nicht, wo er zu finden ist. Ist das vernünftig, Hylas? Kannst du erwarten, daß ich eine Schwierigkeit löse, ohne zu wissen, worin sie besteht? Aber wie dem auch sei: Sollte man nicht annehmen, du seiest fest davon überzeugt, daß kein Widerspruch zwischen den gängigen Ansichten der Materialisten und den heiligen Texten besteht?

Hylas Das bin ich in der Tat.

Philonous Muß der historische Teil der Schrift in einem klaren, deutlichen Sinn verstanden werden oder in einem metaphysischen und entlegenen?

Hylas Im klaren Sinne zweifellos.

Philonous Wenn Moses von Kräutern, Erde, Wasser usw. als von Gott geschaffen spricht, glaubst du nicht, daß die sinnlichen Dinge, die für gewöhnlich mit diesen Worten bezeichnet werden, das sind, was jedem unphilosophischen Leser einfällt?

Hylas Freilich glaube ich das.

Philonous Und wird nicht allen Ideen oder durch die Sinne wahrgenommenen Dingen nach materialistischer Lehre ein reales Dasein abgesprochen?

Hylas Das habe ich bereits zugegeben.

Philonous Die Schöpfung war also danach nicht die Schöpfung von sinnlichen Dingen, die nur ein relatives Dasein haben, sondern von gewissen unbekannten Wesen, die ein absolutes Dasein haben; und dies wäre der eigentliche Endzweck der Schöpfung.

Hylas Exakt.

Philonous Ist es also nicht offenkundig, daß die Anwälte der Materie den klaren, deutlichen Sinn der Worte Mosis zerstören, mit dem ihre Begriffe durchaus unvereinbar sind, und uns statt dessen ich weiß nicht was aufdrängen, das ihnen selbst ebenso unverständlich ist wie mir?

Hylas Ich kann dir nicht widersprechen.

Philonous Moses berichtet uns von einer Schöpfung. Einer Schöpfung von was? Von unbekannten Wesen, von Veranlassungen oder einem *Substrat*? Sicherlich nicht; sondern von sinnenfälligen Dingen. Das mußt du erst mit deinen Begriffen versöhnen, ehe du erwarten kannst, daß ich mich mit ihnen versöhne.

Hylas Ich sehe, du kannst mich mit meinen eigenen Waffen angreifen.

Philonous Was nun das *absolute Dasein* angeht – hat es jemals einen dürftigeren Begriff gegeben? Es ist etwas so Abstraktes und Unverständliches, daß du offen zugegeben hast, es nicht begreifen, geschweige denn etwas dadurch erklären zu können. Aber gesetzt den Fall, Materie existierte und der Begriff des absoluten Daseins wäre sonnenklar – hat das jemals die Schöpfung glaubwürdiger machen können? Haben nicht vielmehr zu allen Zeiten Atheisten und Ungläubige daraus die schlagendsten Argumente gegen eine Schöpfung gezogen? Daß eine körperliche Substanz, der ein absolutes Dasein außerhalb des Geistes denkender We-
87 sen zukommt, aus Nichts durch den bloßen Willen eines Geistwesens geschaffen werden könnte, erschien so widervernünftig, unmöglich und absurd, daß nicht nur die berühmtesten Philosophen des Altertums, sondern sogar einige neuere christliche Philosophen die Materie für gleich ewig mit der Gottheit gehalten haben. Berücksichtige dies alles und dann urteile selbst, ob der Materialismus die Menschen geneigt macht, an die Schöpfung der Dinge zu glauben.

Hylas Offen gesagt, Philonous, ich denke, er tut es nicht. Das Argument der Schöpfung ist der letzte Einwand, der mir einfällt. Und ich muß einräumen, daß du ihn ebenso entkräftet hast wie die übrigen. Nun bleibt allein ein gewisses unerklärliches Widerstreben zu überwinden, das ich gegen deine Ansichten verspüre.

Philonous Wenn jemand, ohne zu wissen, warum, in einer Streitfrage sich nach einer Seite hin gedrängt fühlt – muß man darin nicht die Wirkung des Vorurteils erblicken, das alte und fest verwurzelte Überzeugungen stets begleitet? Und was das betrifft, kann ich allerdings nicht leugnen, daß der Glaube an Materie bei Männern von gelehrter Bildung ein höheres Ansehen genießt als die entgegengesetzte Auffassung.

Hylas Allem Anschein nach hast du Recht.

Philonous Als Gegengewicht zur Last des Vorurteils sollten wir daher die großen Vorteile in die Waagschale werfen, die aus dem Glauben des Immaterialismus für die Religion wie für die menschliche Wissenschaft erwachsen. Werden nicht die Existenz eines Gottes und die Unzerstörbarkeit der Seele, diese großen Glaubenssätze, mit aller Klarheit und unmittelbaren Evidenz bewiesen? Wenn ich sage: die Existenz eines *Gottes*, meine ich nicht eine dunkle allgemeine Ursache der Dinge, von der wir keinen Begriff haben, sondern *Gott* im strengen und eigentlichen Sinne des Wortes – ein Wesen, dessen Spiritualität, Allgegenwart, Vorsehung, Allwissenheit, unendliche Macht und Güte ebenso augenfällig sind wie die Existenz der sinnlichen Dinge und an dem (ungeachtet der trügerischen Vorspiegelungen und geheuchelten Bedenken der Skeptiker) zu zweifeln keinen Deut besser begründet erscheint als der Zweifel an unserer eigenen Existenz. – Was nun die menschlichen Wissenschaften angeht: Zu welchen Verwicklungen, Dunkelheiten, Widersprüchen hat nicht in der Naturphilosophie der Glaube an Materie geführt! Ganz zu schweigen von den zahllosen Kontroversen über deren Ausdehnung, Stetigkeit, Homogenität, Schwere, Teilbarkeit 88
usw. Macht man sich nicht anheischig, alles dadurch zu erklären, daß Körper auf Körper wirken nach den Gesetzen der Bewegung? Aber vermag man denn überhaupt zu begreifen, wie ein Körper den anderen bewegen kann? Ja, selbst zugestanden, es mache keine Schwierigkeit, den Begriff eines trägen Seienden mit Ursächlichkeit in Einklang zu bringen oder zu begreifen, wie

ein Akzidens von einem Körper auf einen anderen übergehen sollte – ist man denn mit all den überspannten Annahmen und übertriebenen Vermutungen bis zur mechanischen Entstehung irgendeines Tieres oder Pflanzenkörpers vorgedrungen? Kann man durch die Bewegungsgesetze über Töne, Geschmäcke, Gerüche, Farben oder den regelmäßigen Ablauf der Dinge Rechenschaft geben? Hat man es vermöge physikalischer Prinzipien für die Angemessenheit und kunstvolle Einrichtung auch der unbedeutendsten Teile des Universums getan? Wenn wir dagegen Materie und körperliche Ursachen weglassen und nur die wirkende Ursächlichkeit eines allervollkommensten Geistes in Anschlag bringen, werden dann nicht alle Wirkungen in der Natur einfach und verständlich? Wenn die Erscheinungen nichts anderes als *Ideen* sind; Gott ist ja Geistwesen, die Materie aber ein ungeistiges, nicht wahrnehmendes Seiendes. Wenn die Erscheinungen eine unbeschränkte Kraft in ihrer Ursache unter Beweis stellen; Gott ist tätig und allmächtig, die Materie aber eine träge Masse. Wenn ihre Ordnung, Regelmäßigkeit und Zweckdienlichkeit nie genugsam bewundert werden kann; Gott ist unendlich weise und fürsorglich vorausschauend, die Materie aber bar aller Pläne und Absichten. Das sind sicherlich große Vorzüge für die *Physik*. Nicht erwähnen will ich, daß die Vorstellung einer fernen Gottheit die Menschen naturgemäß zur Nachlässigkeit in ihren *moralischen* Angelegenheiten verleitet, denen sie mehr Aufmerksamkeit schenken würden, wenn sie Gott unmittelbar gegenwärtig und ohne Einschaltung der Materie oder nichtdenkender zweiter Ursachen auf ihren Geist einwirkend
9 dächten. – In der *Metaphysik* nun: Welche Schwierigkeiten in bezug auf abstraktes Seiendes, substantielle Formen, hylarchische Prinzipien, plastische Naturen, Substanz und Akzidens, das Individuationsprinzip, die Möglichkeit denkender Materie, den Ursprung der Ideen, die Art und Weise, wie zwei unabhängige, abgrundtief verschiedene Substanzen wie *Geist* und *Materie* in Wechselwirkung treten sollten? – Welche Schwierigkeiten und endlosen Erörterungen mit Bezug auf diese und unzählige ähnliche Fragen bleiben uns erspart, wenn wir nur Seelenwesen

und Ideen anerkennen? Selbst die *Mathematik* wird viel klarer 9
und einfacher, wenn wir das absolute Dasein ausgedehnter Dinge fallenlassen, beruhen doch die haarsträubendsten Paradoxien und verwickeltsten Gedankengänge in dieser Wissenschaft auf der unendlichen Teilbarkeit endlicher Ausdehnung, die wiederum auf dieser Annahme beruht. Doch wozu sich bei einzelnen Wissenschaften aufhalten? Basiert nicht das Gegenteil aller Wissenschaft schlechthin, jener Wahnwitz der alten und modernen *Skeptiker* auf derselben Voraussetzung? Oder bist du imstande, auch nur ein Argument gegen die Wirklichkeit körperlicher Dinge oder zugunsten jener angeblichen totalen Unwissenheit, was deren wahres Wesen betrifft, vorzubringen, das nicht von der Annahme ausgeht, ihre Wirklichkeit bestehe in einem äußeren absoluten Dasein? Unter dieser Voraussetzung muß man allerdings den Einwänden aus dem Wechsel der Farben am Hals der Taube oder der Erscheinung des gebrochenen Ruders im Wasser Bedeutung beimessen. Aber diese und ähnliche Einwände werden hinfällig, wenn wir am Sein absoluter äußerer Urbilder nicht länger festhalten und die Wirklichkeit der Dinge in Ideen setzen, fließende zwar und veränderliche, aber nicht aufs Geratewohl verändert, sondern nach der festen Naturordnung. Denn hierin liegt jene Beständigkeit und Wahrheit der Dinge, die in allen Angelegenheiten des Lebens Sicherheit gewährt und das, was *wirklich* ist, von den regellosen Ausgeburten der Phantasie unterscheidet.

Hylas Allem, was du eben gesagt hast, stimme ich zu, und ich gestehe, daß nichts mich so sehr für deine Meinung einnimmt wie die Vorteile, die ich mit ihr verbunden sehe. Von Natur bin ich träge, und durch sie würde sich der Weg zur Erkenntnis enorm verkürzen. Welche Zweifel, welche Hypothesen, welche labyrinthisch verwickelten Gedankenspielereien, welche Tummelplätze für Wortgefechte, welch ein Meer falscher Gelehrsamkeit können durch diesen einen Begriff des *Immaterialismus* vermieden werden!

Philonous Bleibt nun eigentlich noch etwas zu erledigen? Du erinnerst dich wohl deines Versprechens, dir diejenige Ansicht zu eigen zu machen, die nach sorgfältiger Prüfung am besten zum gesunden Menschenverstand paßt und vom *Skeptizismus* am weitesten entfernt ist. Das ist nun nach deinem eigenen Geständnis diejenige, die Materie oder das absolute Dasein körperlicher Dinge leugnet. Und damit nicht genug: diese Auffassung ist auf mehreren Wegen bewiesen, in verschiedenen Beleuchtungen betrachtet, ihren Konsequenzen ist nachgegangen und alle Einwände gegen sie sind weggeräumt worden. Kann es überzeugendere Belege für ihre Wahrheit geben? Oder ist es möglich, daß sie alle Kenzeichen einer wahren Meinung besitzt und dennoch falsch ist?

Hylas Für den Moment bekenne ich, in jeder Hinsicht völlig überzeugt zu sein. Aber welche Gewähr habe ich, daß dieser Zustand vollkommener Zustimmung zu deinen Ansichten andauert und nicht später unvorhergesehene Einwände oder Schwierigkeiten auftauchen?

Philonous Wie ist es, Hylas, wenn in anderen Zusammenhängen eine Sache einmal bündig bewiesen ist, hältst du dann wegen Einwänden und Schwierigkeiten, die sich für sie ergeben könnten, deine Zustimmung zurück? Sind die Schwierigkeiten, die der Lehre von den inkommensurablen Größen, den Berührungswinkeln, den Asymptoten der Kurven oder dergleichen anhaften, für dich hinreichend, den mathematischen Beweis überhaupt abzulehnen? Oder willst du dich des Glaubens an die göttliche Vorsehung entschlagen, weil du einzelne Dinge nicht mit ihr in Einklang zu bringen vermagst? Wenn es Schwierigkeiten gibt, die dem Immaterialismus anhängen, so gibt es zugleich direkte und zwingende Beweise für ihn. Für die Existenz der Materie jedoch gibt es keinen einzigen Beweis, wohl aber gibt es in Hülle und Fülle unwiderlegbare Einwände dagegen. Wo aber sind denn die gewaltigen Schwierigkeiten, auf die du so großen Nachdruck legst? Du weißt im Ernst selbst nicht, wo oder was sie sind; etwas, das dereinst einmal auftreten könnte. Wenn das als Begründung dafür ausreichen würde, daß du deine volle Zustimmung zurückhältst, dann dürftest du nie einem Satz zustimmen, mag er auch noch so ausnahmslos gelten, noch so klar und gründlich bewiesen sein.

Hylas Du hast mich überzeugt, Philonous.

Philonous Doch um dich gegen alle künftigen Bedenken zu wappnen, erwäge nur dies: Was gleich stark gegen zwei einander widersprechende Meinungen streitet, kann gegen keine als Beweis gelten. Taucht also irgendeine Schwierigkeit auf, so versuche, auf der Basis der *materialistischen* Hypothese eine Lösung für sie zu finden. Laß dich nicht durch Worte täuschen, sondern geh deinen eigenen Gedanken auf den Grund. Kommst du mit Hilfe des *Materialismus* nicht weiter, so ist klar, daß die Schwierigkeit kein Einwand gegen den *Immaterialismus* sein kann. Hättest du von Anfang an diese Regel befolgt, wäre dir vermutlich viel Mühe bei der Formulierung von Einwänden erspart geblieben; denn ich fordere dich auf, mir unter all deinen Problemen ein einziges zu nennen, das mit Hilfe der Materie gelöst werden könnte, ja, das nicht noch unverständlicher mit dieser Voraussetzung als ohne sie wäre und folglich eher *dagegen* als *dafür* spräche. Du mußt in jedem einzelnen Fall prüfen, ob die Schwierigkeit der *Nichtexistenz der Materie* geschuldet ist. Ist sie es nicht, so könntest du ebenso gut mit der unendlichen Teilbarkeit der Ausdehnung gegen das göttliche Vorherwissen wie mit solch einer Schwierigkeit gegen den *Immaterialismus* argumentieren. Wenn du zurückdenkst, wirst du, meine ich, feststellen, daß wir uns oft, wenn nicht immer in dieser Lage befunden haben. Ferner solltest du dich hüten, deine Beweisführung auf eine *petitio principii* zu gründen. Man ist geneigt zu sagen, die unbekannten Substanzen müßten eher für reale Dinge gelten als die Ideen in unserem Geist; und wer wollte bestreiten, daß die ungeistigen äußeren Substanzen an der Hervorbringung unserer Ideen als Ursache oder Werkzeug beteiligt sein können? Aber heißt das nicht von der Voraussetzung ausgehen, daß es solche äußere Substanzen gibt? Und wird damit nicht als bewiesen vorausgesetzt, was erst zu beweisen wäre? Vor allem aber solltest du aufpassen, daß du dich nicht durch jenes gewöhnliche Sophisma betrügst, das man *ignoratio elenchi* nennt. Du hast oft so geredet, als ob du glaubtest, ich würde das Nichtsein der sinnlichen Dinge behaupten; in Wahrheit aber kann niemand von ihrem Dasein fester überzeugt sein als ich, und du bis es, der zweifelt oder, besser gesagt, der es mit Bestimmtheit verneint. Alles, was gesehen, getastet, gehört oder irgendwie durch die Sinne wahrgenommen wird, ist nach den von mir vertretenen Grundsätzen etwas Reales, aber nicht nach den deinen. Bedenke, daß die Materie, für die du streitest, ein unbekanntes Etwas ist (wenn man sie überhaupt als ein *Etwas* bezeichnen kann), aller sinnlichen Qualitäten beraubt und weder durch die Sinne wahrnehmbar noch durch den Geist erfaßbar. Bedenke, sage ich, daß sie kein Gegenstand ist, der hart oder weich, heiß oder kalt, blau oder weiß, rund oder eckig etc. ist; denn all diesen Dingen schreibe ich Existenz zu. Allerdings bestreite ich, daß sie ein vom Wahrgenommenwerden verschiedenes Dasein besitzen oder daß sie außerhalb jeglichen Geistes existieren. Denke über diese Punkte nach, erwäge sie gründlich und verliere sie nicht aus dem Auge. Sonst verstehst du die Fragestellung nicht, und in diesem Falle werden deine Einwände immer an der Sache vorbeigehen und sich möglicherweise nicht gegen meine, sondern gegen deine eigenen Auffassungen richten (wie es mehr als einmal geschehen ist).

Hylas Ich muß freilich einräumen, Philonous, daß nichts der Übereinstimmung mit dir so hinderlich gewesen zu sein scheint wie eben dieses *Mißverstehen der Streitfrage*. Wenn du die Materie leugnest, bin ich auf den ersten Blick versucht zu glauben, daß du die Dinge, die wir sehen und tasten, leugnest. Aber nach reiflicher Überlegung weiß ich nun, daß diese Annahme unbegründet ist. Was hältst du also davon, den Namen *Materie* beizubehalten und ihn auf sinnliche Dinge anzuwenden? Dies könnte ohne jede Änderung in deiner Grundhaltung geschehen und wäre, glaube mir, geeignet, manch einen mit ihr zu versöhnen, der mehr Anstoß an einer Neuerung in den Worten als in der Meinung nimmt.

Philonous Herzlich gern. Behalte das Wort *Materie* bei und wende es auf die Gegenstände der Sinne an, wenn du möchtest, vorausgesetzt, du schreibst ihnen kein selbständiges, von ihrem

Wahrgenommenwerden verschiedenes Sein zu. Nie werde ich mit dir um einen Ausdruck streiten. *Materie* oder *materielle Substanz* sind Bezeichnungen, die die Philosophen eingeführt haben; und wie sie von diesen gebraucht werden, schließen sie eine Art Unabhängigkeit oder selbständiges Sein ein, verschieden vom Wahrgenommenwerden durch einen Geist. Das einfache Volk gebraucht sie nie, oder höchstens, um die unmittelbaren Gegenstände der Sinne zu bezeichnen. Man sollte daher meinen, so lange die Benennungen aller Einzeldinge, dazu die Ausdrükke *sinnlich*, *Substanz*, *Körper*, *Stoff* und ähnliche zur Verfügung stehen, werde das Wort *Materie* im gewöhnlichen Gespräch nie vermißt. Und in philosophischen Erörterungen sollte man tunlichst ganz darauf verzichten; denn vielleicht hat nichts den verderbten Hang des Geistes zum *Atheismus* mehr begünstigt und gestärkt als der Gebrauch dieses allgemeinen und verworrenen Ausdrucks.

Hylas Ja aber, Philonous, da ich einverstanden bin, den Begriff einer ungeistigen Substanz außerhalb des Geistes aufzugeben, solltest du mir, meine ich, nicht verwehren, das Wort *Materie* nach meinem Gutdünken zu gebrauchen und es auf eine Ansammlung sinnlicher Qualitäten, die nur im Geist ein reales Dasein haben, anzuwenden. Ich erkenne uneingeschränkt an, daß es im strengen Sinne keine andere Substanz gibt als die *seelische*. Aber ich bin schon so lange an den Ausdruck *Materie* gewöhnt, daß ich nicht weiß, wie ich ohne ihn auskommen soll. Zu sagen, es gibt keine *Materie* in der Welt, erregt immer noch Anstoß bei mir. Freilich gibt es keine *Materie*, wenn unter diesem Ausdruck eine ungeistige Substanz, die außerhalb des Geistes existiert, verstanden wird; aber wenn unter Materie ein sinnliches Ding, dessen Existenz im Wahrgenommenwerden besteht, verstanden wird, dann gibt es Materie – durch diese Unterscheidung gewinnt die Sache ein ganz anderes Ansehen, und man wird sich ohne große Schwierigkeit in deine Begriffe finden, wenn sie auf diese Weise entwickelt werden. Denn schließlich wird der Streit über *Materie* in des Wortes strenger Bedeutung doch nur zwischen dir und den Philosophen ausgetragen; und deren Grundsätze, das gebe ich zu, sind bei weitem nicht so natürlich oder dem gesunden Menschenverstand und der Heiligen Schrift angemessen wie deine. Denn wir wünschen oder meiden nur dann irgend etwas, wenn es einen Teil unseres Glückes oder Elends ausmacht oder auszumachen verspricht. Was aber hat Glück oder Elend, Freude oder Kummer, Lust oder Unlust mit einem absoluten Dasein zu tun oder mit unbekannten, von jeder Beziehung auf uns abgesonderten Entitäten? Es liegt auf der Hand, daß die Dinge uns nur in dem Maße angehen, wie sie uns gefallen oder mißfallen; und sie können uns nur gefallen oder mißfallen, wenn sie wahrgenommen werden. Darüber hinaus betreffen sie uns nicht. Und insoweit läßt du ja alles, wie du es vorgefunden hast. Gleichwohl ist etwas Neues an dieser Lehre. Gewiß denke ich jetzt nicht wie die Philosophen, aber doch auch nicht ganz so wie das Volk. Ich wüßte gerne, wie es sich damit verhält, genau gesagt, was du meinen früheren Begriffen hinzugefügt oder was du an ihnen verändert hast.

Philonous Ich erhebe nicht den Anspruch, neue Begriffe in die Welt zu setzen. Meine Bemühungen sind nur darauf gerichtet, die Wahrheit, von der bisher das Volk und die Philosophen jeweils nur einen Teil besaßen, in eins zu fassen und in ein helleres Licht zu setzen: denn das Volk war der Meinung, daß *diejenigen Dinge, die unmittelbar wahrgenommen werden, die wirklichen Dinge sind*, und die Philosophen, daß *die unmittelbar wahrgenommenen Dinge Ideen sind, die nur im Geist existieren*. Diese zwei Sätze bilden zusammengefaßt in der Tat den Kern meiner Lehre.

Hylas Ich habe lange Zeit meinen Sinnen mißtraut; mir schien, ich sähe die Dinge in trübem Licht und durch trügerische Gläser. Nun sind die Gläser entfernt, und ein neues Licht erhellt meinen Verstand. Ich bin überzeugt, die Dinge in der ihnen ursprünglich eigenen Gestalt zu sehen, und zerbreche mir nicht länger den Kopf über ihre unbekannte Natur oder ihr absolutes Dasein. In diesem Zustand befinde ich mich gegenwärtig; den Weg freilich, der mich dahin geführt hat, begreife ich noch nicht völlig. Du gingst von denselben Grundsätzen aus wie gewöhn-
1 lich die Akademiker, Cartesianer und ähnliche Sekten, und lange

Zeit sah es so aus, als ob du ihren philosophischen Skeptizismus vertreten würdest; aber am Ende sind deine Schlußfolgerungen den ihren direkt entgegengesetzt.

Philonous Sieh dort, Hylas, das Wasser des Springbrunnens, wie es in einer runden Säule aufzusteigen gezwungen ist, bis zu einer bestimmten Höhe; dort bricht es sich und fällt in das Becken zurück, dem es entstieg. Sein Aufstieg wie sein Fall gehorchen dem nämlichen gleichförmigen Gesetz oder dem Prinzip der *Schwerkraft*. Genauso bringen dieselben Grundsätze, die auf den ersten Blick zum *Skeptizismus* führen, bis zu einem bestimmten
Punkt verfolgt, den Menschen zum gesunden Menschenverstand 9
zurück.

ANMERKUNGEN DES HERAUSGEBERS

1 Diese Widmung steht nur in den Ausgaben von 1713 und 1725, nicht in der Ausgabe von 1734. – »Lord Berkeley von Stratton« ist William Berkeley (ca. 1663–1741). George Berkeley war am englischen Hof durch Swift mit Lord Berkeley bekannt gemacht worden. Es ist unsicher, ob beide Familien verwandt waren.

2 Dieses Vorwort kommt nur in den Ausgaben von 1713 und 1725, nicht in der Ausgabe von 1734 vor.

3 »Skeptizismus und Paradoxa«: Die Feststellung, daß eine Ansicht paradox sei, bedeutet für Berkeley nicht nur, daß sie der alltäglichen, oberflächlichen Auffassung entgegensteht, sondern daß sie zu verwerfen ist, weil sie dem Common Sense (gesunden Menschenverstand) widerspricht. Berkeley glaubt, daß seine Philosophie sich von der Philosophie der Gelehrten entferne und dem Common Sense entspreche (s. S. 10). Allerdings muß er dann zugeben, daß die allgemeine Auffassung der meisten Menschen nicht dem gesunden Menschenverstand entspricht (s. S. 96). Der Skeptizismus als das angebliche Ergebnis der verfehlten Gelehrtenphilosophie tritt bei Berkeley oft in Verbindung mit dem Vorwurf, zu Paradoxen zu führen, auf (s. S. 10f.). Ein anderer abwertender Ausdruck Berkeleys ist »sinnlos (absurd)« (s. Anm. zu S. 10.)

4 Teil II des von Berkeley geplanten Werkes, der die Ethik, Willens- und Geistlehre enthalten sollte (s. Philos. Tagebuch Nr. 508 u. 878), ist nie erschienen. Berkeley schrieb später darüber in einem Brief, daß er das Manuskript in Italien verloren habe.

5 Zu Berkeleys Auffassung über den Zweck des Philosophierens s. das Ende der Dialoge (S. 130 Springbrunnengleichnis, vgl. auch S. 86f). Vgl. L. Wittgenstein, Philos. Untersuchungen, Teil 1 § 124: »Sie (sc. die Philosophie) läßt alles, wie es ist.«

6 »Libertins« oder »Freidenker«: z. B. John Toland (1670–1722) und Anthony Collins (1676–1729). Dazu G. Gawlick, Artikel »Freidenker« in: Histor. Wörterbuch der Philosophie, hrsg. v. J. Ritter, Bd. 2, Basel 1972, Sp. 1062f. – Zu Berkeleys Differenzierung bzgl. des Zwangs der Religion und der Regierung einerseits und der Freiheit der Philosophie und Wissenschaft andererseits s. S. 104f.

7 Auch A. Schopenhauer (Die Welt als Wille und Vorstellung. Vorrede zur 1. Aufl.) fordert den Leser auf, sein Werk zweimal zu lesen.

8 An Essay towards a New Theory of Vision. Dublin 1709 (Versuch einer neuen Theorie des Sehens, übers. und hrsg. v. W. Breidert, Hamburg 1987).

9 Die verhaltene Ironie dieses Dialoganfangs liegt darin, daß der Materialist Hylas als Stubenhocker oder träger (S.124) Langschläfer geschildert wird, der die Unterhaltung mit einem gebildeten Menschen (geistigen Wesen) sucht, während der Idealist Philonous die Schönheit der Natur, d. h. der realen Dinge, wahrnimmt und bewundert. Philonous kommt im zweiten Dialog im Rahmen seines Gottesbeweises auf die Schönheit der Natur zurück (S. 59 ff.).

10 »Widersinniges oder Skeptizistisches«: Berkeley verwirft Ansichten mit dem Hinweis darauf, daß sie absurd (sinnlos oder widersinnig), paradox (dem Common Sense entgegengesetzt) oder zum Skeptizismus führend seien (s. Anm. 3). Kriterien dafür, daß eine Ansicht absurd bzw. paradox ist, gibt Berkeley nicht an.

11 Wie die Einleitung in die »Prinzipien der menschlichen Erkenntnis« mit der Ablehnung der abstrakt-allgemeinen Ideen zeigt, darf diese Stelle hier nicht rationalistisch mißverstanden werden. Die für die wissenschaftliche Erkenntnis benötigte Allgemeinheit kommt nach Berkeleys Auffassung nicht durch Ideen zustande, die allgemein und von allem Einzelnen abgesondert sind, sondern dadurch, daß einzelne Ideen repräsentativ für mehrere Ideen stehen (Prinzipien der menschlichen Erkenntnis, Einleitung § 15).

12 Johann Chr. Eschenbach machte in seiner ersten deutschen Übersetzung der Dialoge (Sammlung der vornehmsten Schriftsteller ..., Rostock 1756, S. 21 Anm. 9) den Einwand, eine Ursache könne ein sinnliches Ding sein (z. B. der Uhrmacher als Ursache der Uhr). Dabei verkennt er, daß man in der unmittelbaren Wahrnehmung der Uhr nicht auch den Uhrmacher wahrnimmt. Berkeley besteht nur darauf, daß die Verknüpfung von Ursache und Verursachtem keine wahrgenommene, sondern eine erschlossene Verknüpfung ist. Allerdings hätte Berkeley nicht behaupten dürfen, daß die Ursache kein sinnliches Ding sein könne.

13 Zur Unterscheidung von sinnlichem Perzipieren und auf den Verstand gegründetem Urteilen oder Ableiten s. auch The New Theory of Vision Vindicated (Die Theorie des Sehens verteidigt) § 42.

14 Die folgenden Argumente entsprechen denen in »Prinzipien der menschlichen Erkenntnis« §§ 14 u. 15.

15 Zur Funktion des Mikroskops in den Dialogen s. B. Silver, The Conflicting Microscopic Worlds of Berkeley's Three Dialogues, Journal of the History of Ideas 37, 1976, 343–349.

16 Vgl. Philos. Tagebuch (Nr. 116 u. 271) und »New Theory of Vision« (§§ 80–86) über »mikroskopische Augen«.

17 »Gelbsucht (jaundice)«: Bei dieser Krankheit sieht der Kranke gelb aus; in seltenen Fällen soll dazukommen, daß der Kranke alles gelb sieht. In der Literatur des 17. und 18. Jhs. wird dieses Symptom, das Descartes im »Discours de la méthode« (IV § 8) erwähnt, wiederholt herangezogen.

18 Berkeley sieht das Problem nicht darin, daß das Unsichtbare nicht bekannt sein könne, wie ihm Georg Mende in seiner Anmerkung zu dieser Passage unterstellt, sondern darin, daß die unsichtbaren Bewegungen die wirklichen Farben sein könnten. »Unsichtbare Farben« enthält für Berkeley einen Widerspruch. Das Wort »unbekannt« ist für den Kern der Berkeleyschen Argumentation hier irrevelant.

19 Zum Beispiel Descartes, Meditationes III § 19, Principia philosophiae 1 § 69; Malebranche, Recherche de la vérité VI, II § 2; Locke, Essay concerning Human Understanding II, 8 § 9f.

20 Der Vergleich mit der Milbe wird auch in »New Theory of Vision« §§ 80 u. 81 verwendet.

21 »Substrat«: Berkeley verwendet als Zeichen seiner Anspielung auf die traditionelle Philosophie das lateinische Wort »substratum«.

22 Der Text in eckigen Klammern ist eine Ergänzung der Ausgabe von 1734.

23 Vgl. Philos. Tagebuch Nr. 1–16.

24 Vgl. Philos. Tagebuch Nr. 78, 105, 106, 114, 533, 840.

25 Zum Beispiel Descartes und Locke.

26 »irgendwo«: Anspielung auf Newtons »Principia mathematica« (Opera, ed. S. Horsley, London 1779–1785, Nachdr. Stuttgart-Bad Cannstatt 1964, t. 11, p. 6, Scholium ad Def. VIII. – Mathem. Prinzipien, hrsg. v. J. Ph. Wolfers, Berlin 1872, Nachdr. Darmstadt 1963, S. 25f.). Vgl. Philos. Tagebuch Nr. 30; Prinzipien der menschlichen Erkenntnis § 110.

27 Mit diesem Grundsatz beginnt Locke seine Behandlung der allgemeinen Ausdrücke (Essay Concerning Human Understanding III, 3 § 1). Vgl. Anm. 11.

28 Vgl. Prinzipien der menschlichen Erkenntnis, Einleitung § 16.

29 Berkeley leugnet also nicht die Realität der Sinnendinge, er gibt sogar zu, daß sie unabhängig von jedem menschlichen Geist existieren

können, aber er leugnet ihre Unabhängigkeit von jedem Geist überhaupt. Vgl. S. 93 und Prinzipien der menschlichen Erkenntnis § 35.

30 Über die Aktivität des Geistes im Gegensatz zur Passivität der Ideen s. Philos. Tagebuch unter den Stichworten »aktiv«, »Operation des Geistes« und »handeln.« Prinzipien der menschlichen Erkenntnis § 25 ff.

31 Vgl. Prinzipien der menschlichen Erkenntnis § 29.

32 Zur Kritik des Folgenden s. Bernard Williams, Probleme des Selbst, übers. v. J. Schulte, Stuttgart 1978, S. 47–77. Auch André Gallois: Berkeley's Master Argument. Philosophical Review 83 (1974), 55 ff.

33 Diese Stelle fand ihren Niederschlag in zwei wiederholt zitierten Limericks von Ronald Knox, die übersetzt etwa so lauten: »Es war ein Mann, der sagte: ›Gott / muß es doch scheinen wie ein Spott, / soll jenes Bäumelein / noch vorhanden sein, / wenn niemand lebt ringsum im Schrott.‹ / ›Mein Herr, Ihr Staunen ist nur Spott. / Ich bin immer auch im Schrott. / So kann das Bäumelein / noch vorhanden sein, / denn immer sieht's Ihr treuer Gott.‹« (Philosophic Classics, cd. Walter Kaufmann, 11, Englewood Cliffs, N. J., 2nd Ed. 1968, p. 237.)

34 Anmerkung in der Ausgabe von 1734: »Siehe den Versuch über eine neue Theorie des Sehens und seine Verteidigung«.

35 Diese Stelle bezieht sich auf das von Berkeley oft (z. B. auch S. 52) berührte sogenannte Molyneux-Problem (s. Philosophisches Tagebuch Nr. 32 u. 49 mit weiteren Hinweisen ebd. in Anm. 32). William Molyneux hatte die Frage, ob ein zum Sehen gebrachter Blinder allein aufgrund des Sehens eine Kugel neben einem Würfel als Kugel erkennen würde, an John Locke gestellt, um den Zusammenhang zwischen unseren Sinnesvermögen zu klären. Literatur: Désirée Park, Locke and Berkeley on the Molyneux Problem. Journal of the History of Ideas 30, 1969, 253–260. – Judith Jarvis Thomson, Molyneux's Problem. The Journal of Philosophy 71, 1974, 637–650. – Michael I. Morgan, Molyneux's Question. Cambridge etc. 1977.

36 Vgl. Philos. Tagebuch Nr. 58, 95, 196, 215. New Theory of Vision § 2.

37 »nicht Gegenstand unserer Untersuchung«: Gemeint ist das im Augenblick diskutierte Problem, nämlich das Dasein der sinnlich unmittelbar wahrgenommenen Dinge. Die Frage nach der Ursache der Vorstellungen wird erst im zweiten Dialog (S. 66 ff.) eingehend behandelt.

38 »nicht … existieren«: In der Ausgabe von 17,34 steht »do not

exist«. In den Ausgaben von 1713 und 1725 stand »nicht ... existieren können (cannot exist)«.

39 S. Anm. 35.

40 »by sense, or by reason and reflexion«. Nach Locke (Essay Concerning Human Understanding II, 1 §§ 2–4) haben wir alle unsere Bewußtseinsinhalte nur durch sinnliche Empfindung (sense) und Reflexion auf die Vorgänge in unserem Bewußtsein. Berkeley verwendet diese Unterscheidung, wobei er leugnet, daß die Empfindungen »von außen« verursacht sind, und nur den Sinnen unmittelbare Wahrnehmung zuspricht, während die Vernunft durch Folgerungen (z. B. von der Ursache auf die Wirkung) mittelbar Vorstellungen oder Begriffe aus anderen liefert. Die Vorstellungen, die uns das Gedächtnis oder die Einbildungskraft liefern, gelten ihm als »in gewisser Hinsicht mittelbar durch die Sinne wahrgenommen«. Die Reflexion liefert uns einerseits ein unmittelbares, intuitives Wissen von unserem Selbst, andererseits gelangen wir dadurch aufgrund von Schlüssen mittelbar zu Begriffen (notions) von anderen Geistern (z. B. auch von Gott). Die Unterscheidung zwischen Empfindung und Reflexion (im Philos. Tagebuch erwägt Berkeley, dafür »Wahrnehmung und Denken« zu setzen, Nr. 571) ist für Berkeley immer wieder problematisch gewesen. Sie führte ihn zu der stärkeren Berücksichtigung der Begriffe (notions) in der zweiten Auflage der »Prinzipien der menschlichen Erkenntnis« (1734, § 142).

41 Berkeley sah von Anfang an in der These, daß eine Idee nur einer Idee (aber keinem bewußtseinsunabhängigen Ding) ähnlich sein könne, einen der Grundpfeiler seiner Philosophie. So im Philos. Tagebuch Nr. 46, 47, 51, 299, 378 (13.–19.); Prinzipien der menschlichen Erkenntnis § 8.

42 Vgl. Prinzipien der menschlichen Erkenntnis § 25.

43 Hylas bezeichnet sich zwar als Christ, vertritt aber die nach Berkeleys Meinung für die Religion gefährliche materialistische Auffassung. Es ist also wohl Ironie, daß Hylas durch die Gebetsglocke aus seiner Verlegenheit befreit wird und Zeit zur Besinnung gewinnt.

44 Die an Platon erinnernde Verknüpfung von Wahrheit und Schönheit ist zugleich ein Vorgriff auf die folgende Schilderung der Schönheit der Natur (S. 59 ff.).

45 »sinnlich wahrgenommen«: »perceived« wurde, da es hier im Gegensatz zu »imagined« steht mit »sinnlich wahrgenommen« übersetzt, ohne damit ausschließen zu wollen, daß bei Berkeley »wahrnehmen« auch »sich vorstellen aufgrund der Einbildungskraft« umfaßt.

46 Vgl. S. 9 und 57.

47 Lucilio Vanini (geb. ca. 1585), ein aus Süditalien stammender Priester, lehrte die Ewigkeit der Materie (De admirandis naturae reginae deaeque mortalium arcanis, 1616). Er wurde 1619 in Toulouse als Atheist auf dem Scheiterhaufen hingerichtet. Thomas Hobbes (1588–1679), der in seinem »Leviathan« die Kirche kritisierte, vertrat einen universalen Materialismus und Determinismus (Elemente der Philosophie 1, Vom Körper, 2. Teil, Kap. 9). Benedictus de Spinoza (1632–1677) lehrte einen Pantheismus, bei dem Gott selbst das Attribut der Ausdehnung erhält, und einen strengen Determinismus. In naturwissenschaftlichen Fragen folgte er der kartesischen Korpuskulartheorie (Spinoza, Opera, ed. C. H. Bruder, Leipzig 1843, t. II, Epistolae 6, 8, 9, 11). Literatur: Kurd Lasswitz, Geschichte der Atomistik vom Mittelalter bis Newton, Bd. II, Hamburg u. Leipzig 1890, Nachdr. Darmstadt 1963.

48 Nach Malebranche (Recherche de la vérité III, 2, 6) sehen wir alle Dinge in Gott. Berkeley zitiert im Philos. Tagebuch oft Malebranche, aber auch ein hierher gehörendes Wort von Le Clerc (Clericus) (Nr. 177a, 348, 812).

49 »die eigentliche Natur«: »the real natures« ist Plural.

50 Der Text in eckigen Klammern ist eine Ergänzugng der Ausgabe von 1734.

51 Acta, Kap. 17 V. 28. Dieses Bibelwort zitiert Berkeley im Philosophischen Tagebuch Nr. 827 aus Spinozas 21. Brief an Oldenburg (Spinoza, Opera posthuma, 1677).

52 Berkeley läßt nur den Geist (letztlich Gott) als Ursache von Ideen zu. Er leugnet, daß es außer dieser primären Ursache noch sekundäre Ursachen (causae secundae, zweite, untergeordnete, beschränkte oder Mittelursachen) gebe. Vgl. Philos. Tagebuch Nr. 433, 850. Prinzipien der menschlichen Erkenntnis § 32.

53 Berkeley leugnet nicht die Existenz von materieller Substanz im uneigentlichen Sinne, nämlich als Aggregat sinnlicher Qualitäten (Philos. Tagebuch Nr. 512; Prinzipien der menschlichen Erkenntnis § 37), auch nicht die Existenz von geistiger Substanz, aber die Existenz von bewußtseinsunabhängiger (ausgedehnter usw.) Substanz.

54 »supreme agent« kann auch bedeuten »der/das höchste Handelnde« (Gott).

55 Die folgende Passage richtet sich gegen den Okkasionalismus. Dessen Vertreter (vor allem Geulincx und Malebranche) nehmen zur Verbindung von Körper und Geist an, daß Gott die körperlichen Vor-

gänge als »Veranlassung« oder »Gelegenheit« nimmt, in unserem Geist die entsprechenden Ideen hervorzurufen. Vgl. Philos. Tagebuch Nr. 499, 754; Prinzipien der menschlichen Erkenntnis §§ 68 ff.

56 Vgl. Prinzipien der menschlichen Erkenntnis §§ 80 f. Auch I. Kant, Kritik der reinen Vernunft, A 104, 109, 250–253, wo er das transzendentale Objekt, das Ding an sich, als ein »Etwas überhaupt«, » = x « bezeichnet.

57 D. Hume, Eine Untersuchung über den menschlichen Verstand, hrsg. v. R. Richter, Hamburg, 1964, S. 181 (XII, 1 Anm.): »... in der Tat bilden die meisten Schriften jenes hochbegabten Verfassers die beste Anleitung zum Skeptizismus, die sich ... finden läßt ...Daß aber all seine Begründungen trotz ihrer anderen Absicht in Wirklichkeit rein skeptischer Natur sind, erhellt daraus, daß sie keine Antwort gestatten und keine Überzeugung hervorrufen. Ihre einzige Wirkung ist die Erzeugung jenes verblüfften Staunens, jener Unentschlossenheit und Verwirrung, die das Ergebnis des Skeptizismus ist.«

58 Im Philos. Tagebuch (Nr. 19) hatte Berkeley notiert: »Nach der immateriellen Hypothese ist die Wand weiß, das Feuer heiß usw. ...«

59 »... sind mir bekannte Dinge«: In den Ausgaben von 1713 und 1725 folgte noch: »sonst hätte ich niemals an sie gedacht oder sie genannt«.

60 Descartes, Discours de la méthode IV 1 u. 7; Meditationes IV §§ 4 (bzw. 6) u. 38 (bzw. 42); Principia philosophiae I §§ 5 und 29.

61 Vgl. Philos. Tagebuch Nr. 712, 829, 847, 849.

62 Während nach Descartes der menschliche Geist den Begriff von Gott nicht selbst gebildet haben kann, weil dieser Begriff alles Menschliche, d. h. Endliche übertrifft, lehrte Locke, daß der Gottesbegriff durch Perfektionierung endlicher Begriffe ins Grenzenlose und Unendliche zustandekomme (Locke, Essay Concerning Human Understanding II, 22 §§ 33–35).

63 Da Berkeley die Wahrscheinlichkeit in Bezug auf die Existenz anderer endlicher Seelenwesen als Beweisgrund zuläßt, genügt es ihm nicht, zu zeigen, daß die Existenz der Materie nicht bewiesen werden kann. Nur wenn die Existenz der Materie widersprüchlich ist, kann er dem Einwand entgehen, daß sie ebenso »wahrscheinlich« ist wie die Existenz anderer endlicher Seelenwesen.

64 Vgl. Prinzipien der menschlichen Erkenntnis § 2. – Dies ist einer der Punkte, in denen sich Berkeley von D. Hume und E. Mach unterscheidet, denn diese leugnen die Substantialität des Subjekts. D. Hume, A Treatise of Human Nature 1, 1,6: »The idea of a sub-

stance ... is nothing but a collection of simple ideas...«; 1, 4, 6: ... something ... which he calls himself; though I am certain there is no such principle in me ... nothing but a bundle or collection of different perceptions ...«. E. Mach, Die Analyse der Empfindungen, 8. Aufl. Jena 1919, S. 2: »Als relativ beständig zeigt sich ferner der an einen besonderen Körper (den Leib) gebundene Komplex von Erinnerungen, Stimmungen, Gefühlen, welcher als Ich bezeichnet wird.«

65 Die Passage in eckigen Klammern (S. 90–92) ist eine Ergänzung der Ausgabe von 1734.

66 Im Philos. Tagebuch (Nr. 838) sieht Berkeley sogar in jeder Empfindung, die vom eigenen Willen unabhängig ist, einen Gottesbeweis.

67 Der Ausdruck »Person« wird von Berkeley im Philos. Tagebuch zunächst verwendet, dann aber nimmt er sich vor, diesen seit dem Mittelalter theologisch belasteten Begriff zu vermeiden (Philos. Tagebuch Nr. 713).

68 Eine solche Beruhigung spricht Berkeley schon im Philos. Tagebuch (Nr. 518) aus.

69 S. Anm. 51.

70 Diesen Grundsatz verwendet Descartes in seinen »Meditationes« (III). Berkeley zitiert ihn im Philos. Tagebuch (Nr. 780) von dort. Der Text in Klammern fehlt in der Ausgabe von 1734.

71 Berkeley nimmt hier den Einwand vorweg, den ihm später Samuel Johnson in einem Brief vom 10. Sept. 1729 entgegenhält (Berkeley, Works, ed. A. A. Luce / T. E. Jessop, vol. II, p. 273). Berkeleys Antwort an Johnson mit Brief vom 25. Nov. 1729 (a. a. O., p. 281) enthält aber keine neuen Aspekte gegenüber der in den Dialogen gegebenen Antwort.

72 »schuldig«: ironische Anspielung auf das S. 107 behandelte Schuldproblem.

73 »Wesenheiten (quiddities)«: »quidditas« ist die scholastische Substantivierung von lateinisch »quid (was)«. Berkeley spricht im »Analyst« (§ 35, Schriften über die Grundlagen der Mathematik und Physik, hrsg. v. W. Breidert, Frankfurt a. M. 1969, S. 121) bzgl. infinitesimaler Größen ironisch von den »Geistern verstorbener Größen« und spielt damit auf eine Stelle bei S. Butler an, die die Karikatur eines Philosophen enthält: »He could reduce all things to Acts / And knew their Natures by Abstracts, / Where Entity and Quiddity, / The Ghosts of defunct Bodies, flie« (S. Butler, Hudibras, ed. J. Wilders, Oxford 1967, p. 5).

74 Vgl. Prinzipien der menschlichen Erkenntnis § 58.

75 I. Newton, Principia mathematica, cd. Horsley, London 1779–1785, Nachdr. Stuttgart-Bad Cannstatt 1964, Bd. 3, p. 19 (Corol. 2 ad prop. VI, theor. VI) = Mathem. Prinzipien, hrsg. v. J. Ph. Wolfers, Berlin 1872, Nachdr. Darmstadt 1963, S. 391.

76 Obwohl dieser Text dem der Ausgaben von 1713, 1725 und 1734 entspricht, fehlt hier wohl versehentlich eine Negation. Bereits Eschenbach (1750, S. 251) schrieb an dieser Stelle mit Recht: »... und man muß gestehen, daß wenn man alle Neuerung von der Art verbannen wollte, die Menschen wohl schlechte Sprünge in den Künsten und Wissenschaften gemacht haben würden«. Nach Berkeleys Meinung vertritt nicht Philonous, sondern Hylas Paradoxa, die allerdings Philonous selbst im folgenden (»Daß die Qualitäten ...«) als die Meinungen seines Gegners zusammengefaßt wiedergibt.

77 Vgl. New Theory of Vision § 85, wo Berkeley davon spricht, daß uns das Mikroskop eine Welt ganz neuer Gegenstände liefert, die völlig verschieden von den mit bloßem Auge gesehenen sind; es versetzt uns »in eine andere Welt«, aber es bringt uns eben nicht der wahren Natur eines Körpers näher. Dazu die Kritik von B. Silver, The Conflicting Microscopic Worlds of Berkeley's Three Dialogues. Journal of the History of Ideas 37, 1976, 343–349. Silver sieht den Gegensatz zwischen dieser Stelle und der Verwendung des Mikroskops im ersten Dialog (S. 26), weil Berkeley im dortigen Argument die Identität des Gegenstandes unter beiden Betrachtungsweisen voraussetze.

78 Vgl. New Theory of Vision § 49.

79 Vgl. Philos. Tagebuch Nr. 312.

80 Vgl. Philos. Tagebuch Nr. 176, 544, XXV; Prinzipien der menschl. Erkenntnis § 144. Locke, Essay Concerning Human Understanding III,1 § 5.

81 Den Einwand, daß der Immaterialismus nicht mit dem Schöpfungsbericht der Bibel verträglich sei, weil dort erst die unbelebte Natur und dann die wahrnehmenden Menschen geschaffen werden, diskutierte Berkeley schon in seinem Philos. Tagebuch (Nr. 723, aber auch Nr. 60, 293, 339, 436). G. Mende glaubte dagegen, Berkeley sei erst nach der Veröffentlichung der »Prinzipien« durch Lady Percival auf diesen Einwand aufmerksam gemacht worden. Wenn Berkeley ihr zugesteht, daß sie »die einzige Person ist, die mit Verstand und Beweisführung opponierte«, so vielleicht auch deswegen, weil sie ihm vertraute Argumente entgegenhielt.

82 S. Anm. 73.

83 Vgl. Philos. Tagebuch Nr. 812.

84 Der Einwand gegen die Lehre von der Schöpfung von einem Zeitpunkt an mit dem Hinweis auf Gottes Unwandelbarkeit wird bei den frühen christlichen Denkern wiederholt behandelt (z. B. Origenes, De principiis I, 2, 10; Augustinus, De civitate Dei XI,4). Dieser Einwand beruht also nicht auf den speziellen Voraussetzungen des Berkeleyschen Immaterialismus. Zur neueren Diskussion des Problems s. z. B. P. Helm, Zum Problem der Veränderung und ihrer Feststellung. Ratio 19, 1977, S. 38f.

85 Nach eleatisch-platonischem Verständnis schließt der Begriff der Vollkommenheit (oder der des wirklichen Seins) den Begriff der Veränderung aus, so daß Gott als das vollkommenste Wesen auch als unveränderlich gedacht werden muß.

86 Die Schwäche dieser Erwiderung liegt darin, daß Berkeley im vorangehenden Text und auch sonst in seinen Schriften wiederholt von Gottes Wirkungsweisen und Attributen gesprochen hat: z. B. Gott ist wahrhaftig, allgegenwärtig, ewig (S. 88); die Seele ist ein Bild Gottes (S. 89); Gott weiß alles Wissenswerte und ist ein seelisches Wesen ohne Mitgefühl (S. 101), er begreift alle Dinge (S. 111).

87 Im Philos. Tagebuch (Nr. 830) sieht Berkeley in der Tätigkeit unserer Einbildungskraft ein Erschaffen aus dem Nichts, obwohl er in Nr. 823 die Vorstellungen der Einbildungskraft gerade als Kopien der Sinnesvorstellungen auffaßte.

88 »Homogenität« (homogeneity): Vgl. Philos. Tagebuch Nr. 60, 64, 293.

89 Berkeley spricht neun Begriffe bzw. Probleme der traditionellen Philosophie an: 1. »abstraktes Seiendes« vgl. Berkeleys Angriff gegen abstrakte Ideen in den »Prinzipien der menschlichen Erkenntnis« (Einleitung). 2. »substantielle Formen« ist ein Begriff der aristotelischen Philosophie, der von Locke als dunkel und verworren kritisiert wurde (Essay Concerning Human Understanding III, 6 § 10). 3. »hylarchische Prinzipien« und 4. »plastische Naturen« sind platonisch-aristotelische Bewegungsprinzipien; vgl. Philos. Tagebuch Nr. 617 und De Motu § 20. 5. »Substanz und Akzidenz« ist eine aristotelische Unterscheidung, die von Locke (Essay … II, 13 § 19–20) kritisiert wurde; vgl. Berkeley, Philos. Tagebuch Nr. 700, 701, 724. 6. »Individuationsprinzip«: Die mittelalterliche Universaliendiskussion provozierte die Frage, wie aus dem Allgemeinen das Individuierte hervorgehe. U. a. wird die Materie als Individuationsprinzip angenommen. 7. »Möglichkeit denkender Materie« bezieht sich auf eine von

Locke (Essay IV, 3 § 6) berührte Schwierigkeit; vgl. Berkeley, Philos. Tagebuch Nr. 695, 718. 8. »Ursprung der Ideen« (vgl. Locke, Essay ... 11,1 §§ 1 ff.) und 9. »Art, wie... Geist und Materie in Wechselwirkung treten sollten« sind Probleme, die die neuzeitliche Philosophie seit Descartes beschäftigen, insbesondere aufgrund des kartesischen Körper-Geist-Dualismus (res extensa – res cogitans).

90 Schon von den frühen Eintragungen im Philos. Tagebuch an hat sich Berkeley wiederholt mit der Mathematik, insbesondere mit einer Kritik der Infinitesimalmathematik und einer Auflösung der Paradoxien der unendlichen Teilbarkeit, beschäftigt. Berkeley vertritt die Endlichkeit der Teilbarkeit und meint, damit die Mathematik klarer und leichter zu machen (Philos. Tagebuch Nr. 346, 383–385, 414, Prinzipien der menschlichen Erkenntnis § 123–132). Ausführlich greift Berkeley dieses Thema im »Analyst« auf (s. G. Berkeley, Schriften über die Grundlagen der Mathematik und Physik, hrsg. v. W. Breidert, Frankfurt a. M. 1969).

91 »Akademiker«: Anhänger der platonisch-aristotelischen Philosophie. Die Akademiker und Cartesianer stehen hier als Repräsentanten eines erkenntnistheoretischen Realismus oder ›Materialismus‹. Ihre Haltung ist die eine Front, gegen die Berkeley kämpft, der Skeptizismus ist die andere.

92 Man vergleiche mit diesem versöhnlichen Schluß Wittgensteins, durch Schopenhauer angeregte Bemerkungen im »Tractatus logico-philosophicus« (5.64): »Hier sieht man, daß der Solipsismus, streng durchgeführt, mit dem reinen Realismus zusammenfällt. Das Ich des Solipsismus schrumpft zum ausdehnungslosen Punkt zusammen, und es bleibt die ihm koordinierte Realität.«

NAMEN- UND SACHREGISTER

NAMENREGISTER

SACHREGISTER

www.ingramcontent.com/pod-product-compliance
Lightning Source LLC
LaVergne TN
LVHW101919220826
846093LV00009B/309

* 9 7 8 3 7 8 7 3 4 2 2 3 5 *